COMO ELABORAR PROJETOS DE PESQUISA

O GEN | Grupo Editorial Nacional – maior plataforma editorial brasileira no segmento científico, técnico e profissional – publica conteúdos nas áreas de ciências sociais aplicadas, exatas, humanas, jurídicas e da saúde, além de prover serviços direcionados à educação continuada e à preparação para concursos.

As editoras que integram o GEN, das mais respeitadas no mercado editorial, construíram catálogos inigualáveis, com obras decisivas para a formação acadêmica e o aperfeiçoamento de várias gerações de profissionais e estudantes, tendo se tornado sinônimo de qualidade e seriedade.

A missão do GEN e dos núcleos de conteúdo que o compõem é prover a melhor informação científica e distribuí-la de maneira flexível e conveniente, a preços justos, gerando benefícios e servindo a autores, docentes, livreiros, funcionários, colaboradores e acionistas.

Nosso comportamento ético incondicional e nossa responsabilidade social e ambiental são reforçados pela natureza educacional de nossa atividade e dão sustentabilidade ao crescimento contínuo e à rentabilidade do grupo.

Antonio Carlos Gil

COMO ELABORAR PROJETOS DE PESQUISA

7ª edição

gen | atlas

- O autor deste livro e a editora empenharam seus melhores esforços para assegurar que as informações e os procedimentos apresentados no texto estejam em acordo com os padrões aceitos à época da publicação, e *todos os dados foram atualizados pelo autor até a data de fechamento do livro*. Entretanto, tendo em conta a evolução das ciências, as atualizações legislativas, as mudanças regulamentares governamentais e o constante fluxo de novas informações sobre os temas que constam do livro, recomendamos enfaticamente que os leitores consultem sempre outras fontes fidedignas, de modo a se certificarem de que as informações contidas no texto estão corretas e de que não houve alterações nas recomendações ou na legislação regulamentadora.

- Data de fechamento do livro: 13/12/2021

- O autor e a editora se empenharam para citar adequadamente e dar o devido crédito a todos os detentores de direitos autorais de qualquer material utilizado neste livro, dispondo-se a possíveis acertos posteriores caso, inadvertida e involuntariamente, a identificação de algum deles tenha sido omitida.

- **Atendimento ao cliente: (11) 5080-0751 | faleconosco@grupogen.com.br**

- Direitos exclusivos para a língua portuguesa
  Copyright © 2022, 2025 (3ª impressão) by
  Editora Atlas Ltda.
  Uma editora integrante do GEN | Grupo Editorial Nacional
  Travessa do Ouvidor, 11
  Rio de Janeiro – RJ – 20040-040
  www.grupogen.com.br

- Reservados todos os direitos. É proibida a duplicação ou reprodução deste volume, no todo ou em parte, em quaisquer formas ou por quaisquer meios (eletrônico, mecânico, gravação, fotocópia, distribuição pela Internet ou outros), sem permissão, por escrito, da Editora Atlas Ltda.

- Capa: Gabriel Calou – adaptada por Rejane Megale
- Editoração eletrônica: LWO Produção Editorial
- Ficha catalográfica

CIP-BRASIL. CATALOGAÇÃO NA PUBLICAÇÃO
SINDICATO NACIONAL DOS EDITORES DE LIVROS, RJ

G392c
7. ed.

Gil, Antonio Carlos, 1946-
Como elaborar projetos de pesquisa / Antonio Carlos Gil. 7. ed. [3ª Reimp.]. – Barueri [SP]: Atlas, 2025.

Inclui índice
ISBN 978-65-597-7163-9

1. Pesquisa. 2. Pesquisa – Metodologia. 3. Ciência – Metodologia. I. Título.

21-74527	CDD: 001.42
	CDU: 001.8

Camila Donis Hartmann – Bibliotecária – CRB-7/6472

À memória de Antonio e Maria,
meus pais.
A Anna Maria, minha mulher.
A Fernando, Luciana,
Antonio Marcos e Maria Inês,
meus filhos.
A Alexandre,
meu genro.
A Martim e Vicente,
meus netos.
A Dora e Lina,
minhas netas.

PREFÁCIO

O propósito deste livro é auxiliar estudantes e profissionais na elaboração de projetos de pesquisa. Pode ser considerado como um manual, posto que apresenta de forma sequencial e detalhada as etapas seguidas nos diferentes delineamentos de pesquisa. Não pode, no entanto, ser entendido como um receituário, pois não há como admitir que uma atividade tão complexa como a pesquisa científica possa ser compreendida mediante a apresentação de uma sequência de passos. Daí por que os três primeiros capítulos tratam do processo de criação científica, conferindo ênfase à formulação de problemas e à construção de hipóteses.

Tanto em relação às questões referentes ao processo de construção científica quanto às referentes aos aspectos práticos da condução de pesquisas, a principal preocupação do autor foi a mesma: garantir a leitura de um texto simples, mas suficiente para capacitar o leitor para a elaboração de um projeto de pesquisa. Assim, o texto foi elaborado de forma tal que tópicos relativos a aspectos mais abstratos da Metodologia Científica, bem como os referentes a procedimentos estatísticos, ficaram reduzidos a um mínimo. Contudo, os pesquisadores interessados no aprofundamento dos temas podem beneficiar-se com as leituras que são recomendadas ao final de cada capítulo.

No lançamento desta 7ª edição, que incorpora recentes contribuições à utilização de novas tecnologias na coleta e análise de dados na pesquisa, não poderia deixar de renovar meus agradecimentos a Mauro Koogan Lorch, Presidente do GEN | Grupo Editorial Nacional, pela confiança depositada em nosso trabalho. Também não poderia deixar de lembrar, com muita saudade, de duas pessoas que já nos deixaram: Alfonso Trujillo Ferrari, que nos encaminhou para o fascinante mundo da pesquisa científica, e Luiz Herrmann, nosso primeiro editor, que, ao longo de duas décadas, apoiou generosamente nosso trabalho.

Antonio Carlos Gil

SUMÁRIO

1 COMO ENCAMINHAR UMA PESQUISA?, 1
   1.1 Que é pesquisa?, 1
   1.2 Por que se faz pesquisa?, 1
   1.3 Que é necessário para fazer uma pesquisa?, 2
      1.3.1 Qualidades pessoais do pesquisador, 2
      1.3.2 Recursos humanos, materiais e financeiros, 2
   1.4 Por que elaborar um projeto de pesquisa?, 3
   1.5 Quais os elementos de um projeto de pesquisa?, 4
   1.6 Como esquematizar uma pesquisa?, 4
   Leituras recomendadas, 5
   Exercícios e trabalhos práticos, 5

2 COMO FORMULAR UM PROBLEMA DE PESQUISA?, 7
   2.1 O que é mesmo um problema?, 7
   2.2 Por que formular um problema?, 8
   2.3 Como formular um problema?, 10
      2.3.1 O problema deve ser formulado como pergunta, 10
      2.3.2 O problema deve ser claro e preciso, 10
      2.3.3 O problema deve ter base empírica, 11
      2.3.4 O problema deve ser suscetível de solução, 12
      2.3.5 O problema deve ser delimitado a uma dimensão viável, 12
      2.3.6 O problema deve ser ético, 13
   2.4 Como enunciar o problema, 13
   2.5 Como definir objetivos, 13
   Leituras recomendadas, 14
   Exercícios e trabalhos práticos, 15

3 COMO CONSTRUIR HIPÓTESES?, 17

- 3.1 Que são hipóteses?, 17
- 3.2 Como as variáveis se relacionam nas hipóteses?, 18
- 3.3 Como chegar a uma hipótese?, 20
  - 3.3.1 Observação, 20
  - 3.3.2 Resultados de outras pesquisas, 20
  - 3.3.3 Teorias, 21
  - 3.3.4 Intuição, 21
- 3.4 Características da hipótese aplicável, 21
  - 3.4.1 Deve ser conceitualmente clara, 21
  - 3.4.2 Deve ser específica, 21
  - 3.4.3 Deve ter referências empíricas, 22
  - 3.4.4 Deve ser parcimoniosa, 22
  - 3.4.5 Deve estar relacionada com as técnicas disponíveis, 22
  - 3.4.6 Deve estar relacionada com uma teoria, 22
- 3.5 As hipóteses são necessárias em todas as pesquisas?, 23

Leitura recomendada, 24
Exercícios e trabalhos práticos, 24

4 COMO CLASSIFICAR AS PESQUISAS?, 25

- 4.1 Que critérios podem ser adotados para classificar as pesquisas?, 25
  - 4.1.1 Como classificar as pesquisas segundo a área de conhecimento, 26
  - 4.1.2 Como classificar as pesquisas segundo sua finalidade, 26
  - 4.1.3 Como classificar as pesquisas segundo seus propósitos mais gerais, 27
  - 4.1.4 Como classificar as pesquisas segundo os métodos empregados, 28
- 4.2 Que é pesquisa bibliográfica?, 29
- 4.3 Que é pesquisa documental?, 30
- 4.4 Que é pesquisa experimental?, 30
- 4.5 Que é ensaio clínico?, 31
- 4.6 Que é estudo de coorte?, 32
- 4.7 Que é estudo caso-controle?, 33
- 4.8 Que é levantamento?, 34
- 4.9 Que é estudo de caso?, 34
- 4.10 Que é pesquisa narrativa?, 36

Sumário

    4.11 Que é pesquisa fenomenológica?, 36

    4.12 Que é pesquisa etnográfica?, 38

    4.13 Que é *grounded theory*?, 39

    4.14 Que é pesquisa-ação?, 39

    4.15 Que é pesquisa participante?, 40

    4.16 Que é pesquisa de métodos mistos?, 41

    Leituras recomendadas, 42

    Exercícios e trabalhos práticos, 42

5 COMO DELINEAR UMA PESQUISA BIBLIOGRÁFICA?, 43

    5.1 Etapas da pesquisa bibliográfica, 43

    5.2 Escolha do tema, 44

    5.3 Levantamento bibliográfico preliminar, 44

    5.4 Formulação do problema, 45

    5.5 Elaboração do plano provisório da pesquisa, 46

    5.6 Identificação das fontes, 46

        5.6.1 Livros de leitura corrente, 47

        5.6.2 Obras de referência, 47

        5.6.3 Periódicos científicos, 48

        5.6.4 Teses e dissertações, 48

        5.6.5 Anais de encontros científicos, 48

        5.6.6 Periódicos de indexação e resumo, 48

    5.7 Localização das fontes, 49

    5.8 Obtenção do material de interesse para a pesquisa, 51

    5.9 Leitura do material, 52

    5.10 Tomada de apontamentos, 55

    5.11 Fichamento, 55

    5.12 Construção lógica do trabalho, 57

    5.13 Redação do relatório, 57

    Leituras recomendadas, 57

    Exercícios e trabalhos práticos, 58

6 COMO DELINEAR UMA PESQUISA DOCUMENTAL?, 59

    6.1 Etapas da pesquisa documental, 59

    6.2 Formulação do problema e dos objetivos, 60

    6.3 Identificação das fontes, 60

6.4 Localização das fontes e acesso aos documentos, 61
6.5 Avaliação dos documentos, 61
6.6 Seleção e organização das informações, 61
6.7 Análise e interpretação dos dados, 62
6.8 Redação do relatório, 64
Leituras recomendadas, 64
Exercícios e trabalhos práticos, 64

7 COMO DELINEAR UMA PESQUISA EXPERIMENTAL?, 67

7.1 Etapas do planejamento da pesquisa experimental, 67
7.2 Formulação do problema, 67
7.3 Construção das hipóteses, 68
7.4 Operacionalização das variáveis, 68
7.5 Definição do plano experimental, 68
    7.5.1 Plano de uma única variável, 68
    7.5.2 Plano fatorial, 69
7.6 Determinação dos sujeitos, 72
7.7 Determinação do ambiente, 72
7.8 Coleta de dados, 73
7.9 Análise e interpretação dos dados, 73
7.10 Redação do relatório, 74
Leituras recomendadas, 74
Exercícios e trabalhos práticos, 75

8 COMO DELINEAR UM ENSAIO CLÍNICO?, 77

8.1 Ensaio clínico randomizado cego, 77
    8.1.1 Definição dos objetivos, 78
    8.1.2 Seleção dos participantes, 78
    8.1.3 Medição das variáveis basais, 79
    8.1.4 Definição dos procedimentos do tratamento, 79
    8.1.5 Randomização, 79
    8.1.6 Cegamento, 80
    8.1.7 Acompanhamento de aderência ao protocolo, 81
    8.1.8 Medição do desfecho, 81
    8.1.9 Interrupção do ensaio, 82
    8.1.10 Análise dos resultados, 82
    8.1.11 Redação do relatório, 82

Sumário

- 8.2 Delineamento fatorial, 82
- 8.3 Delineamento randomizado com alocação de grupos, 83
- 8.4 Delineamento com grupo de controle não equivalente, 83
- 8.5 Delineamento de séries temporais, 83
- 8.6 Delineamento cruzado, 84

Leituras recomendadas, 84

Exercícios e trabalhos práticos, 85

9 COMO DELINEAR UM ESTUDO DE COORTE?, 87

- 9.1 Estudos de coorte prospectivos, 87
  - 9.1.1 Definição dos objetivos, 88
  - 9.1.2 Seleção dos participantes, 88
  - 9.1.3 Acompanhamento dos participantes, 88
  - 9.1.4 Análise e interpretação, 89
  - 9.1.5 Redação do relatório, 89
- 9.2 Estudos de coorte retrospectivos, 89

Leituras recomendadas, 90

Exercícios e trabalhos práticos, 90

10 COMO DELINEAR UM ESTUDO CASO-CONTROLE?, 91

- 10.1 Etapas do estudo caso-controle, 91
- 10.2 Definição dos objetivos, 91
- 10.3 Seleção dos participantes, 92
- 10.4 Verificação do nível de exposição de cada participante, 93
- 10.5 Análise e interpretação dos resultados, 93
- 10.6 Redação do relatório, 93

Leituras recomendadas, 94

Exercícios e trabalhos práticos, 94

11 COMO DELINEAR UM LEVANTAMENTO?, 95

- 11.1 Etapas do levantamento, 95
- 11.2 Especificação dos objetivos, 95
- 11.3 Operacionalização dos conceitos e variáveis, 97
- 11.4 Elaboração do instrumento de coleta de dados, 98
  - 11.4.1 Instrumentos usuais, 98
  - 11.4.2 Elaboração do questionário, 99

11.4.3 Condução da entrevista, 100
11.4.4 Aplicação do formulário, 101
11.5 Pré-teste dos instrumentos, 102
11.6 Seleção da amostra, 103
    11.6.1 Tipos de amostragem, 103
    11.6.2 Determinação do tamanho da amostra, 105
11.7 Coleta e verificação dos dados, 106
11.8 Análise e interpretação dos dados, 106
11.9 Redação do relatório, 107
Leituras recomendadas, 107
Exercícios e trabalhos práticos, 107

12 COMO DELINEAR UM ESTUDO DE CASO?, 109

12.1 Etapas do estudo de caso, 109
    12.1.1 Formulação do problema ou das questões de pesquisa, 109
    12.1.2 Definição da unidade-caso, 110
    12.1.3 Seleção dos casos, 111
    12.1.4 Determinação das técnicas de coleta de dados, 111
    12.1.5 Elaboração do protocolo, 111
12.2 Coleta de dados, 112
    12.2.1 Entrevistas, 112
    12.2.2 Observação, 112
    12.2.3 Documentos, 113
12.3 Análise e interpretação dos dados, 113
    12.3.1 Codificação dos dados, 113
    12.3.2 Estabelecimento de categorias analíticas, 113
    12.3.3 Exibição dos dados, 114
    12.3.4 Busca de significados, 114
    12.3.5 Busca da credibilidade, 114
12.4 Redação do relatório, 115
Leituras recomendadas, 116
Exercícios e trabalhos práticos, 116

13 COMO DELINEAR UMA PESQUISA ETNOGRÁFICA?, 117

13.1 Etapas da pesquisa etnográfica, 117
    13.1.1 Formulação do problema, 118
    13.1.2 Seleção da amostra, 118

13.1.3 Entrada em campo, 118
13.1.4 Coleta de dados, 119
  13.1.4.1 Observação, 119
  13.1.4.2 Entrevista, 119
13.2 Elaboração de notas de campo, 120
13.3 Análise dos dados, 120
  13.3.1 Leitura do material, 120
  13.3.2 Busca de "categorias locais de significados", 120
  13.3.3 Triangulação, 121
  13.3.4 Identificação de padrões, 121
13.4 Redação do relatório, 121
Leitura recomendada, 122
Exercícios e trabalhos práticos, 122

14 COMO DELINEAR UMA PESQUISA NARRATIVA?, 123

14.1 Etapas da pesquisa narrativa, 123
14.2 Determinação da adequação da pesquisa narrativa ao problema ou questões de pesquisa, 124
14.3 Seleção dos participantes, 124
14.4 Coleta dos dados, 124
14.5 Análise e interpretação dos dados, 124
14.6 Redação do relatório, 125
Leitura recomendada, 125
Exercícios e trabalhos práticos, 126

15 COMO DELINEAR UMA PESQUISA FENOMENOLÓGICA?, 127

15.1 Etapas da pesquisa fenomenológica, 127
  15.1.1 Formulação do problema, 128
  15.1.2 Escolha da técnica de coleta de dados, 129
  15.1.3 Seleção dos participantes, 130
  15.1.4 Coleta de dados, 130
15.2 Análise dos dados, 130
  15.2.1 Leitura da descrição de cada informante, 130
  15.2.2 Extração das assertivas significativas, 131
  15.2.3 Formulação dos significados, 131
  15.2.4 Organização dos significados em conjuntos de temas, 131
  15.2.5 Integração dos resultados numa descrição exaustiva, 131

15.2.6 Elaboração da estrutura essencial do fenômeno, 131

15.2.7 Validação da estrutura essencial, 131

Leitura recomendada, 132

Exercícios e trabalhos práticos, 132

16 COMO DELINEAR UMA PESQUISA PARA CONSTRUIR TEORIA FUNDAMENTADA (*GROUNDED THEORY*)?, 133

16.1 Etapas da construção da teoria fundamentada, 133

16.2 Formulação do problema, 134

16.3 Seleção da amostra, 134

16.4 Coleta de dados, 134

16.5 Análise dos dados, 135

16.5.1 Codificação aberta, 136

16.5.2 Codificação axial, 137

16.5.3 Codificação seletiva, 138

16.5.4 Construção da teoria, 138

16.6 Redação do relatório, 139

Leitura recomendada, 139

Exercícios e trabalhos práticos, 139

17 COMO DELINEAR UMA PESQUISA-AÇÃO?, 141

17.1 Etapas da pesquisa-ação, 141

17.2 Fase exploratória, 142

17.3 Formulação do problema, 142

17.4 Construção de hipóteses, 142

17.5 Realização do seminário, 142

17.6 Seleção da amostra, 143

17.7 Coleta de dados, 143

17.8 Análise e interpretação dos dados, 144

17.9 Elaboração do plano de ação, 144

17.10 Divulgação dos resultados, 144

Leitura recomendada, 145

Exercícios e trabalhos práticos, 145

18 COMO DELINEAR UMA PESQUISA PARTICIPANTE?, 147

18.1 Etapas da pesquisa participante, 147

18.2 Montagem institucional e metodológica da pesquisa participante, 148

18.3 Estudo preliminar da região e da população pesquisadas, 148
18.4 Análise crítica dos problemas, 149
18.5 Elaboração do plano de ação, 149
Leitura recomendada, 150
Exercícios e trabalhos práticos, 150

19 COMO DELINEAR PESQUISAS DE MÉTODOS MISTOS?, 153

19.1 Delineamento sequencial explanatório, 153
    19.1.1 Planejamento da implementação dos procedimentos quantitativos, 154
    19.1.2 Acompanhamento dos resultados quantitativos, 154
    19.1.3 Planejamento da implementação dos procedimentos qualitativos, 154
    19.1.4 Interpretação dos resultados conectados, 155

19.2 Delineamento sequencial exploratório, 155
    19.2.1 Planejamento da implementação dos procedimentos qualitativos, 155
    19.2.2 Definição de estratégias para lidar com os resultados qualitativos, 155
    19.2.3 Planejamento e implementação dos procedimentos quantitativos, 155
    19.2.4 Interpretação dos resultados conectados, 156

19.3 Delineamento convergente, 156
    19.3.1 Planejamento e coleta de dados, 156
    19.3.2 Análise dos dados, 156
    19.3.3 Fusão de resultados, 156
    19.3.4 Interpretação dos resultados fundidos, 157

Leitura recomendada, 157
Exercícios e trabalhos práticos, 157

20 COMO CALCULAR O TEMPO E O CUSTO DO PROJETO?, 159

20.1 Dimensão administrativa da pesquisa, 159
20.2 Cronograma da pesquisa, 159
20.3 Orçamento da pesquisa, 161
Leitura recomendada, 163
Exercícios e trabalhos práticos, 163

21 COMO REDIGIR O PROJETO DE PESQUISA?, 165

21.1 Estrutura do texto, 165
    21.1.1 Elementos pré-textuais, 165
    21.1.2 Elementos textuais, 166
    21.1.3 Elementos pós-textuais, 167

21.2 Estilo do texto, 167
    21.2.1 Impessoalidade, 168
    21.2.2 Objetividade, 168
    21.2.3 Clareza, 168
    21.2.4 Precisão, 168
    21.2.5 Coerência, 168
    21.2.6 Concisão, 169
    21.2.7 Simplicidade, 169
21.3 Aspectos gráficos do texto, 169
    21.3.1 Formato, 169
    21.3.2 Espacejamento, 169
    21.3.3 Organização das partes e titulação, 169
    21.3.4 Paginação, 170
    21.3.5 Notas de rodapé, 170
    21.3.6 Citações, 171
    21.3.7 Ilustrações, 171
    21.3.8 Tabelas, 171
    21.3.9 Referências, 172

Leitura recomendada, 173

Bibliografia, 175
Índice alfabético, 181

1

COMO ENCAMINHAR UMA PESQUISA?

1.1 Que é pesquisa?

Pode-se definir pesquisa como o procedimento racional e sistemático que tem como objetivo fornecer respostas aos problemas que são propostos. A pesquisa é requerida quando não se dispõe de informação suficiente para responder ao problema, ou então quando a informação disponível se encontra em tal estado de desordem que não possa ser adequadamente relacionada ao problema.

A pesquisa é desenvolvida mediante o concurso dos conhecimentos disponíveis e a utilização cuidadosa de métodos e técnicas de investigação científica. Na realidade, a pesquisa desenvolve-se ao longo de um processo que envolve inúmeras fases, desde a adequada formulação do problema até a satisfatória apresentação dos resultados.

1.2 Por que se faz pesquisa?

Há muitas razões que determinam a realização de uma pesquisa. Podem, no entanto, ser classificadas em dois grandes grupos: razões de ordem intelectual e razões de ordem prática. As primeiras decorrem do desejo de conhecer pela própria satisfação de conhecer. As últimas decorrem do desejo de conhecer com vistas a fazer algo de maneira mais eficiente ou eficaz.

Tem sido comum designar as pesquisas decorrentes desses dois grupos de questões como "puras" e "aplicadas", e discuti-las como se fossem mutuamente exclusivas. Essa postura, no entanto, não é muito adequada, pois a ciência objetiva tanto o conhecimento em si mesmo quanto as contribuições práticas decorrentes desse conhecimento. Uma pesquisa sobre problemas práticos pode conduzir à descoberta de princípios científicos. Da mesma forma, uma pesquisa pura pode fornecer conhecimentos passíveis de aplicação prática imediata.

Procura-se neste livro apresentar estratégias e táticas de pesquisa adequadas aos objetivos tanto das pesquisas "puras" quanto das "aplicadas". Daí por que é dedicada idêntica atenção aos requisitos básicos tanto das pesquisas acadêmicas quanto das pesquisas elaboradas com finalidade profissional.

1.3 Que é necessário para fazer uma pesquisa?

1.3.1 Qualidades pessoais do pesquisador

O êxito de uma pesquisa depende fundamentalmente de certas qualidades intelectuais e sociais do pesquisador, tais como:

a) conhecimento do assunto a ser pesquisado;
b) curiosidade;
c) criatividade;
d) integridade intelectual;
e) atitude autocorretiva;
f) sensibilidade social;
g) imaginação disciplinada;
h) perseverança e paciência;
i) confiança na experiência.

1.3.2 Recursos humanos, materiais e financeiros

É muito difundida a visão romântica de ciência que procura associar as invenções e descobertas exclusivamente à genialidade do cientista. Não há como deixar de considerar o papel capital das qualidades pessoais do pesquisador no processo de criação científica, mas é necessário considerar o papel desempenhado pelos recursos de que dispõe o pesquisador no desenvolvimento e na qualidade dos resultados da pesquisa. Fica evidente que uma pesquisa conduzida com amplos recursos tem maior probabilidade de ser bem-sucedida do que outra em que os recursos disponíveis são deficientes.

Por essa razão, qualquer empreendimento de pesquisa, para ser bem-sucedido, deverá levar em consideração o problema dos recursos disponíveis. O pesquisador deve ter noção do tempo a ser utilizado na pesquisa e valorizá-lo em termos pecuniários. Deve prover-se dos equipamentos e materiais necessários ao seu desenvolvimento. Deve estar também atento aos gastos decorrentes da remuneração dos serviços prestados por outras pessoas. Em outras palavras: qualquer empreendimento de pesquisa deve considerar os recursos humanos, materiais e financeiros necessários a sua efetivação.

Para fazer frente a essas necessidades, o pesquisador precisa elaborar um plano de ação que inclua um orçamento adequado. O que significa, de certa forma, que o pesquisador também precisa assumir funções administrativas. Pode até mesmo ocorrer certo constrangimento a alguns pesquisadores. No entanto, a consideração desses aspectos "extracientíficos" é fundamental para que o trabalho de pesquisa não sofra solução de continuidade.

1.4 Por que elaborar um projeto de pesquisa?

Como toda atividade racional e sistemática, a pesquisa exige que as ações desenvolvidas ao longo de seu processo sejam efetivamente planejadas. De modo geral, concebe-se o planejamento como a primeira fase da pesquisa, que envolve a formulação do problema, a especificação de seus objetivos, a construção de hipóteses, a operacionalização dos conceitos etc. Em virtude das implicações extracientíficas da pesquisa, consideradas na seção anterior, o planejamento deve envolver também os aspectos referentes ao tempo a ser despendido na pesquisa, bem como aos recursos humanos, materiais e financeiros necessários a sua efetivação.

A moderna concepção de planejamento, apoiada na Teoria Geral dos Sistemas, envolve quatro elementos: processo, eficiência, prazos e metas. Assim, nessa concepção, o planejamento da pesquisa pode ser definido como o processo sistematizado mediante o qual se pode conferir maior eficiência à investigação para, em determinado prazo, alcançar o conjunto das metas estabelecidas.

O planejamento da pesquisa concretiza-se mediante a elaboração de um projeto, que é o documento explicitador das ações a serem desenvolvidas ao longo do processo de pesquisa. O projeto deve, portanto, especificar os objetivos da pesquisa, apresentar a justificativa de sua realização, definir a modalidade de pesquisa e determinar os procedimentos de coleta e análise de dados. Deve, ainda, esclarecer acerca do cronograma a ser seguido no desenvolvimento da pesquisa e proporcionar a indicação dos recursos humanos, materiais e financeiros necessários para assegurar o êxito da pesquisa.

O projeto interessa sobretudo ao pesquisador e a sua equipe, já que apresenta o roteiro das ações a serem desenvolvidas ao longo da pesquisa. Mas também interessa a muitos outros agentes. Para quem contrata os serviços de pesquisa, o projeto constitui documento fundamental, posto que esclarece acerca do que será pesquisado e apresenta a estimativa dos custos. Quando se espera que determinada entidade financie uma pesquisa, o projeto é o documento requerido, pois permite saber se o empreendimento se ajusta aos critérios por ela definidos, ao mesmo tempo em que possibilita uma estimativa da relação custo/benefício. Também se poderiam arrolar entre os interessados no projeto os potenciais beneficiários de seus efeitos e os pesquisadores da mesma área.

Alguns pesquisadores poderão considerar que a elaboração de um projeto, com relações minuciosas de resultados aferíveis e de atividades correlatas específicas, poderá limitar o alcance da pesquisa, tornando-a um processo mais mecanizado e menos criativo. Entretanto, a elaboração de um projeto é que possibilita, em muitos casos, esquematizar os tipos de atividades e experiências criativas.

1.5 Quais os elementos de um projeto de pesquisa?

Não há, evidentemente, regras fixas acerca da elaboração de um projeto. Sua estrutura é determinada pelo tipo de problema a ser pesquisado e também pelo estilo de seus autores. É necessário que o projeto esclareça como se processará a pesquisa, quais as etapas que serão desenvolvidas e quais os recursos que devem ser alocados para atingir seus objetivos. É necessário, também, que o projeto seja suficientemente detalhado para proporcionar a avaliação do processo de pesquisa.

Os elementos habitualmente requeridos num projeto são os seguintes:

a) formulação do problema;
b) construção de hipóteses ou especificação dos objetivos;
c) identificação do tipo de pesquisa;
d) operacionalização das variáveis;
e) seleção da amostra;
f) elaboração dos instrumentos e determinação da estratégia de coleta de dados;
g) determinação do plano de análise dos dados;
h) previsão da forma de apresentação dos resultados;
i) cronograma da execução da pesquisa;
j) definição dos recursos humanos, materiais e financeiros a serem alocados.

A elaboração de um projeto depende de inúmeros fatores, sendo que o primeiro e mais importante refere-se à natureza do problema. Por exemplo, para uma pesquisa que tem por objetivo verificar intenções de voto em determinado momento, a elaboração do projeto é bastante simples. Nesse caso, é possível determinar com bastante precisão as ações que se farão necessárias, bem como seus custos. Já para uma pesquisa que visa conhecer os fatores que determinam os níveis de participação política de uma população, a elaboração do projeto passa a ser uma atividade mais complexa. É até mesmo possível que não seja conveniente de imediato elaborar um projeto. Nessas circunstâncias, o mais apropriado poderia ser a elaboração de um plano genérico, ou um anteprojeto, que após passar por sucessivas alterações dê origem efetivamente a um projeto.

Rigorosamente, um projeto só pode ser definitivamente elaborado quando se tem o problema claramente formulado, os objetivos bem determinados, assim como o plano de coleta e análise dos dados.

1.6 Como esquematizar uma pesquisa?

Como já foi lembrado, a elaboração de um projeto é feita mediante a consideração das etapas necessárias ao desenvolvimento da pesquisa. Para facilitar o acompanhamento das ações correspondentes a cada uma dessas etapas, é usual a apresentação do fluxo da pesquisa sob a forma de diagrama, conforme a Figura 1.1.

Como encaminhar uma pesquisa?

É conveniente lembrar que a ordem dessas etapas não é absolutamente rígida. Em muitos casos, é possível simplificá-la ou modificá-la. Essa é uma decisão que cabe ao pesquisador, que poderá adaptar o esquema às situações específicas.

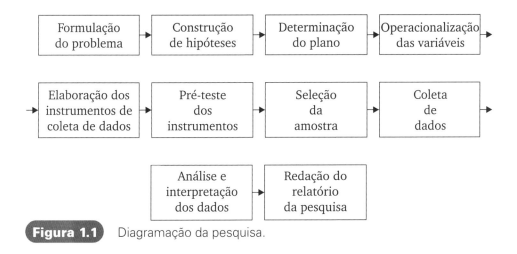

Figura 1.1 Diagramação da pesquisa.

Leituras recomendadas

RICHARDSON, R. J. *Pesquisa social*: métodos e técnicas. 4. ed. São Paulo: Atlas, 2017.

O nono capítulo desse livro trata em detalhes da elaboração do roteiro de um projeto de pesquisa.

CRESWELL, John W.; CRESWELL, David. *Projeto de pesquisa*: métodos qualitativo, quantitativo e misto. 5. ed. Porto Alegre: Artmed, 2021.

Esse livro fornece elementos para a elaboração de projetos de pesquisa no campo das ciências humanas e sociais. Aplica-se tanto a pesquisas quantitativas e qualitativas quanto às que se valem de métodos mistos.

Exercícios e trabalhos práticos

1. Indique a relevância teórica e prática de uma pesquisa que tenha por objetivo investigar a predisposição que as pessoas possam ter para sofrer acidentes no trabalho.
2. Analise em que medida as atitudes enunciadas a seguir podem ser prejudiciais ao desenvolvimento de pesquisas científicas:
   - dogmatismo;

- desinteresse por problemas sociais;
- impaciência.
3. Localize um relatório de pesquisa e identifique as fases seguidas em seu desenvolvimento.
4. Estima-se que cerca de 95% das verbas destinadas à pesquisa nos países desenvolvidos são aplicadas no campo das ciências naturais. Analise as implicações sociais dessa situação.
5. Procure exemplos de pesquisas que possam ser classificadas como puras ou aplicadas.

2

COMO FORMULAR UM PROBLEMA DE PESQUISA?

2.1 O que é mesmo um problema?

Conforme já foi assinalado, toda pesquisa se inicia com algum tipo de problema ou indagação. Convém, todavia, tecer algumas considerações acerca do significado de *problema*, em virtude das diferentes acepções que envolvem esse termo.

O Dicionário Houaiss da Língua Portuguesa indica os seguintes significados de *problema*:

1. Assunto controverso, ainda não satisfatoriamente respondido em qualquer campo do conhecimento, e que pode ser objeto de pesquisas científicas ou discussões acadêmicas.
2. Obstáculo, contratempo, dificuldade que desafia a capacidade de solucionar de alguém.
3. Situação difícil; conflito.
4. Mau funcionamento crônico de alguma coisa que acarreta transtornos, pobreza, miséria, desgraças etc., e que exigiria grande esforço e determinação para ser solucionado.
5. Distúrbio, disfunção orgânica ou psíquica.
6. Pessoa, coisa ou situação incômoda, fora de controle etc.
7. Questão levantada para inquirição, consideração, discussão ou solução.

A primeira acepção é a que será considerada ao longo deste livro, pois é a que mais apropriadamente caracteriza o problema de pesquisa científica.

Convém, então, esclarecer que nem todo problema proposto é passível de tratamento científico. Isso significa que para se realizar uma pesquisa é necessário, em primeiro lugar, certificar-se de que o problema cogitado se enquadra na categoria de científico.

Como fazer isso?

Para um dos mais respeitados autores no campo da metodologia das ciências sociais, a maneira mais prática para entender o que é um problema científico consiste em considerar primeiramente aquilo que não é (KERLINGER, 1980). Sejam os exemplos:

"Como fazer para melhorar os transportes urbanos?", "O que pode ser feito para melhorar a distribuição de renda?", "Como aumentar a produtividade no trabalho?". Nenhum destes constitui rigorosamente um problema científico, pois, sob a forma em que são propostos, não possibilitam a investigação segundo os métodos próprios da ciência.

Esses problemas são designados por Kerlinger como problemas de "engenharia", pois referem-se a como fazer algo de maneira eficiente. A ciência pode fornecer sugestões e inferência acerca de possíveis respostas, mas não responder diretamente a esses problemas. Eles não indagam como são as coisas, suas causas e consequências, mas indagam acerca de como fazer as coisas.

Também não são científicos esses problemas: "Qual a melhor técnica psicoterápica?", "É bom adotar jogos e simulações como técnicas didáticas?", "Os pais devem dar palmadas nos filhos?". São antes problemas de valor, assim como todos aqueles que indagam se uma coisa é boa, má, desejável, indesejável, certa ou errada, ou se é melhor ou pior que outra. São igualmente problemas de valor aqueles que indagam se algo deve ou deveria ser feito.

Embora não se possa afirmar que o cientista nada tenha a ver com esses problemas, o certo é que a pesquisa científica não pode dar respostas a questões de "engenharia" e de valor, porque sua correção ou incorreção não é passível de verificação empírica.

Com base nessas considerações, pode-se dizer que um problema é de natureza científica quando envolve proposições que podem ser testadas mediante verificação empírica. Sejam os exemplos: "Em que medida a escolaridade influencia na preferência político-partidária?", "A desnutrição contribui para o rebaixamento intelectual?", "A modalidade predominante de liderança tem a ver com a cultura organizacional?". São problemas que envolvem variáveis suscetíveis de observação. É possível, por exemplo, identificar a preferência político-partidária dos integrantes de um grupo social, bem como seu nível de escolaridade, para depois verificar em que medida esses fatores estão relacionados entre si.

2.2 Por que formular um problema?

Como já foi visto no capítulo anterior, o problema de pesquisa pode ser determinado por razões de ordem prática ou de ordem intelectual. Inúmeras razões de ordem prática podem conduzir à formulação de problemas. Pode-se formular um problema cuja resposta seja importante para subsidiar determinada ação. Por exemplo, um candidato a cargo eletivo pode estar interessado em verificar como se distribuem seus potenciais eleitores com vistas a orientar sua campanha. Da mesma forma, uma empresa pode estar interessada em conhecer o perfil do consumidor de seus produtos para decidir acerca da propaganda a ser feita.

Podem-se formular problemas voltados para a avaliação de certas ações ou programas, como, por exemplo, os efeitos de determinado anúncio pela televisão ou os efeitos de um programa governamental na recuperação de alcoólatras.

Também é possível formular problemas referentes às consequências de várias alternativas. Por exemplo, uma organização poderia estar interessada em verificar que sistema de avaliação de desempenho seria o mais adequado para seu pessoal.

Outra categoria de problemas decorrentes de interesses práticos refere-se à predição de acontecimentos, com vistas a planejar uma ação adequada. Por exemplo, a prefeitura de uma cidade pode estar interessada em verificar em que medida a construção de uma via elevada poderá provocar a deterioração da respectiva área urbana.

É possível, ainda, considerar como interesses práticos, embora mais próximos dos interesses intelectuais, aqueles referentes a muitas pesquisas desenvolvidas no âmbito dos cursos universitários de graduação. É frequente professores sugerirem aos alunos a formulação de problemas com o objetivo de capacitá-los na elaboração de projetos de pesquisa.

Também são inúmeras as razões de ordem intelectual que conduzem à formulação de problemas de pesquisa. Pode ocorrer que um pesquisador tenha interesse na exploração de um objeto pouco conhecido. Por exemplo, quando Freud iniciou seus estudos sobre o inconsciente, este constituía uma área praticamente inexplorada.

Um pesquisador pode interessar-se por áreas já exploradas, com o objetivo de determinar com maior especificidade as condições em que certos fenômenos ocorrem ou como podem ser influenciados por outros. Por exemplo, pode-se estar interessado em verificar em que medida fatores não econômicos agem como motivadores no trabalho. Várias pesquisas já foram realizadas sobre o assunto (HERZBERG, 1966), mas pode haver interesse em verificar variações nessa generalização. Pode-se indagar, por exemplo, se fatores culturais não interferem, intensificando ou enfraquecendo as relações entre aqueles dois fatores.

Pode ocorrer que um pesquisador deseje testar uma teoria específica, como fez, por exemplo, Wardle (1961) com a teoria da carência materna de Bowlby (1951). Este pesquisador estudou crianças que frequentavam uma clínica de orientação infantil e constatou que os que furtavam, ou apresentavam outros comportamentos antissociais, provinham, com frequência significativa, de lares desfeitos, apresentavam incidência mais elevada de separação da mãe e com maior frequência tinham pais que provinham também de lares desfeitos.

Pode, ainda, um pesquisador interessar-se apenas pela descrição de determinado fenômeno – por exemplo, verificar as características socioeconômicas de uma população ou traçar o perfil do adepto de determinada religião.

Os interesses pela escolha de problemas de pesquisa são determinados por múltiplos fatores. Os mais importantes são: os valores sociais do pesquisador e os incentivos sociais. Um exemplo do primeiro fator está no pesquisador que é contrário à segregação racial e, por isso mesmo, vê-se inclinado a investigar sobre esse assunto. Um exemplo do segundo está nos incentivos monetários que são conferidos à investigação sobre comunicação de massa, propiciando o desenvolvimento de grande número de pesquisas, assim como a sofisticação das técnicas empregadas.

2.3 Como formular um problema?

Formular um problema científico não constitui tarefa das mais fáceis. Pode-se até mesmo afirmar que implica o exercício de certa capacidade que não é muito comum nos seres humanos. Todavia, não há como deixar de reconhecer que a experiência desempenha papel fundamental nesse processo.

Por se vincular estreitamente ao processo criativo, a formulação de problemas não se faz mediante a observação de procedimentos rígidos e sistemáticos. No entanto, existem algumas condições que facilitam essa tarefa, tais como: imersão sistemática no objeto, estudo da literatura existente e discussão com pessoas que acumulam muita experiência prática no campo de estudo (SELLTIZ, 1967).

A experiência acumulada dos pesquisadores possibilita ainda o desenvolvimento de certas regras, que são apresentadas a seguir.

2.3.1 O problema deve ser formulado como pergunta

Essa é a maneira mais fácil e direta de formular um problema. Além disso, facilita sua identificação por parte de quem consulta o projeto ou o relatório da pesquisa. Seja o exemplo de uma pesquisa sobre a empregabilidade. Se alguém disser que vai pesquisar o problema do desemprego, pouco estará esclarecendo. Mas se propuser: "em que setores da economia verifica-se mais elevado nível de desemprego?" ou "qual o tempo médio que as pessoas permanecem procurando recolocação?", estará efetivamente propondo problemas de pesquisa.

Esse cuidado é muito importante sobretudo nas pesquisas acadêmicas. De modo geral, o estudante inicia o processo da pesquisa pela escolha de um tema, que por si só não constitui um problema. Mas, ao formular perguntas sobre o tema, passa a problematizá-lo, gerando, então, um ou mais problemas.

2.3.2 O problema deve ser claro e preciso

Um problema não pode ser adequadamente solucionado se não for apresentado de maneira clara e precisa. Com frequência, são apresentados problemas tão

Como formular um problema de pesquisa?

desestruturados e formulados de maneira tão vaga que não é possível imaginar nem mesmo como começar a resolvê-los. Por exemplo, um iniciante em pesquisa poderia indagar: "Como funciona a mente?" etc. Esses problemas não podem ser propostos para pesquisa, porque não está claro a que se referem.

É pouco provável que pessoas com algum conhecimento de metodologia proponham problemas desse tipo. Nessa eventualidade, porém, deve-se reformular o problema de forma a ser respondível. Talvez se possa reformular a pergunta "Como funciona a mente?" para "Que mecanismos psicológicos podem ser identificados no processo de memorização?". Claro que essa é uma das muitas reformulações que podem ser feitas à pergunta original. Nada garante que corresponda exatamente à intenção de quem a formulou. Essa certeza só poderá ser obtida após alguma discussão.

Pode ocorrer também que algumas formulações apresentem termos definidos de forma não adequada, o que torna o problema carente de clareza. Seja, por exemplo, a pergunta: "Os cães possuem inteligência?". A resposta a essa questão depende de como se define inteligência.

Muitos problemas desse tipo não são solucionáveis porque são apresentados numa terminologia retirada da linguagem cotidiana. Muitos termos utilizados no dia a dia são bastante ambíguos. Tome-se o exemplo de um problema que envolva o termo *organização*. Só poderia ser adequadamente colocado depois que aquele termo tivesse sido definido de forma rigorosamente não ambígua.

Um artifício bastante útil consiste em definir operacionalmente o conceito. A definição operacional é aquela que indica como o fenômeno é medido. Nas ciências físicas e biológicas, a definição operacional tende a ser bastante simples, pois geralmente se dispõe de instrumentos precisos de medida. Por exemplo, o termo *temperatura* pode ser definido como "aquilo que o termômetro mede". Nas ciências humanas, todavia, as definições operacionais nem sempre são satisfatórias. Por exemplo, em algumas pesquisas, define-se como católica a pessoa que se declara como tal. Daí poderão surgir intermináveis discussões. Entretanto, não há como negar que tal definição confere precisão ao conceito. Qualquer pessoa que busque se informar acerca da pesquisa logo saberá qual o significado que é atribuído ao termo. O mesmo não ocorreria se a determinação da religião do pesquisado ficasse por conta de considerações subjetivas do pesquisador.

É necessário considerar, no entanto, que esse critério pode não se adequar a algumas modalidades de pesquisa, como, por exemplo, as que são desenvolvidas sob o enfoque fenomenológico ou da *grounded theory*. Nesses casos, as pesquisas geralmente se iniciam com um problema formulado de maneira genérica e que vai se especificando ao longo do processo de pesquisa.

2.3.3 O problema deve ter base empírica

Foi visto que os problemas científicos não devem se referir a valores. Não será fácil, por exemplo, investigar se "filhos de camponeses são melhores que filhos de operários" ou se "a mulher deve realizar estudos universitários". Esses problemas conduzem inevitavelmente a julgamentos morais e, consequentemente, a considerações subjetivas, invalidando os propósitos da investigação científica, que tem a objetividade como uma das mais importantes características.

Isso não significa que as ciências não podem estudar valores. Contudo, estes são estudados objetivamente, como fatos, ou como "coisas", segundo a orientação de Durkheim (1999). Por exemplo, a formulação de determinado problema poderá fazer referência a *maus professores*. Essa expressão indica valor, mas o pesquisador poderá estar interessado em pesquisar professores que seguem práticas autoritárias, não preparam suas aulas ou adotam critérios arbitrários de avaliação. Cabe, portanto, transformar as noções iniciais em outras mais úteis, que se refiram diretamente a fatos empíricos e não a percepções pessoais.

Embora o pesquisador deva procurar a objetividade, é importante reconhecer que o processo de construção do conhecimento não é neutro. Não há como eliminar completamente a subjetividade do pesquisador. Isso é particularmente verdadeiro no campo das ciências sociais, em que o pesquisador se propõe a estudar uma realidade da qual ele mesmo faz parte.

2.3.4 O problema deve ser suscetível de solução

Um problema pode ser claro, preciso e referir-se a conceitos empíricos, porém o pesquisador tem ideia de como seria possível coletar os dados necessários a sua resolução. Seja o exemplo: "ligando-se o nervo óptico às áreas auditivas do cérebro, as visões serão sentidas auditivamente?". Essa pergunta só poderá ser respondida quando a tecnologia neurofisiológica progredir a ponto de possibilitar a obtenção de dados relevantes.

Assim, ao formular um problema, o pesquisador precisa certificar-se de que existe tecnologia adequada para sua solução. Quando não existe, recomenda-se prioritariamente a construção de instrumentos capazes de proporcionar a investigação do problema. É o que se denomina pesquisa metodológica.

2.3.5 O problema deve ser delimitado a uma dimensão viável

Em muitas pesquisas, sobretudo nas acadêmicas, o problema tende a ser formulado em termos muito amplos, requerendo delimitação. Por exemplo, alguém poderia formular o problema: "em que pensam os jovens?". Seria necessário delimitar a população dos jovens a serem pesquisados mediante a especificação da faixa etária, da localidade abrangida etc. Seria necessário, ainda, delimitar "o que pensam", já que isso envolve múltiplos aspectos, tais como: percepção acerca dos problemas mundiais, atitude em relação à religião etc.

A delimitação do problema guarda estreita relação com os meios disponíveis para investigação. Por exemplo, um pesquisador poderia ter interesse em pesquisar a atitude dos jovens em relação à religião. Mas não poderá investigar tudo o que todos os jovens pensam acerca de todas as religiões. Talvez sua pesquisa tenha de se restringir à investigação sobre o que os jovens de determinada cidade pensam a respeito de alguns aspectos de uma religião específica.

2.3.6 O problema deve ser ético

Pesquisas com seres humanos envolvem considerações éticas. Considere-se que a Resolução nº 466/2012, do Conselho Nacional de Saúde, que aprova diretrizes e normas regulamentadoras da pesquisa envolvendo seres humanos, estabelece que a eticidade da pesquisa implica: a) respeito ao participante da pesquisa em sua dignidade e autonomia; b) ponderação entre riscos e benefícios, tanto conhecidos como potenciais, individuais ou coletivos; c) garantia de que danos previsíveis serão evitados; e d) relevância social da pesquisa.

2.4 Como enunciar o problema

O problema pode ser enunciado de diferentes maneiras. Recomenda-se, porém, que o pesquisador o apresente em uma única frase interrogativa, como nos exemplos a seguir:

- Quais são as características socioeconômicas dos usuários do Sistema Único de Saúde (SUS)?
- Que aspirações e temores manifestam estudantes que obtiveram auxílio governamental para a conclusão de cursos universitários?
- Que fatores influenciam no comprometimento organizacional de empregados em organizações sem fins lucrativos (ONGs)?
- Como enfermeiros que atuam em Unidades de Terapia Intensiva (UTIs) lidam com pacientes agressivos?

Esses problemas, assim enunciados, esclarecem acerca do que efetivamente os pesquisadores se propõem a pesquisar. No entanto, podem exigir maiores esclarecimentos, tais como os locais e a época em que a pesquisa será realizada – o que pode requerer a utilização de mais algumas frases para favorecer o seu entendimento.

Cabe, ainda, ressaltar que a formulação do problema é afetada pela natureza do tema da pesquisa, bem como do tipo de pesquisa que se pretende realizar, que são esclarecidos a partir do Capítulo 5.

2.5 Como definir objetivos

O problema também pode ser apresentado sob a forma de objetivos, o que representa um passo importante para a operacionalização da pesquisa e para esclarecer acerca dos resultados esperados. Por essa razão é que as agências de financiamento exigem na apresentação dos projetos a especificação dos objetivos da pesquisa.

Para definir de maneira adequada os objetivos, é necessário que o problema apresente as características consideradas na seção anterior. Considere-se, então, o problema: *Que barreiras sociais dificultam a participação da mulher no mercado de trabalho?*

Trata-se de um problema formulado com clareza e objetividade. Mas para prosseguir na pesquisa é necessário que se torne mais específico e que seja delimitado a uma dimensão viável. É preciso, pois, determinar o universo abrangido pelo estudo. Refere-se ao país como um todo ou a uma região específica? Abrange todos os setores econômicos ou apenas um segmento? Envolve todos os níveis hierárquicos, ou se limita a um deles? Também é preciso definir o período a que se refere o estudo. Assim, o problema proposto poderia ser redefinido da seguinte forma: *Com que barreiras sociais se deparam as mulheres para ascender a funções gerenciais no setor bancário no Estado de Minas Gerais na segunda década do século XXI?*

Esse problema poderia ser apresentado sob a forma de objetivos:

- Verificar o nível de participação das mulheres em funções gerenciais no setor bancário do Estado de Minas Gerais na segunda década do século XXI.
- Identificar barreiras sociais à ascensão de mulheres a funções gerenciais nesse setor.
- Verificar a existência de relação entre a participação de mulheres em funções gerenciais e características das instituições bancárias que as empregam.

Esses objetivos poderiam ainda ser mais especificados, mediante análise mais aprofundada do problema. Poderia até mesmo conduzir à definição de um objetivo geral e alguns objetivos específicos. Mas é importante considerar que esses objetivos, para que sejam claros e precisos, devem se iniciar com verbos que não possibilitam muitas interpretações, como, por exemplo: *identificar, verificar, descrever, comparar* e *avaliar*. Verbos como *pesquisar, entender* e *conhecer* não são adequados, pois não conferem clareza e precisão aos objetivos.

Leituras recomendadas

BEAUD, Michel. *Arte da tese*: como preparar e redigir uma tese de mestrado, uma monografia ou qualquer outro trabalho universitário. 3. ed. Rio de Janeiro: Bertrand Brasil, 2000.

Esse livro, elaborado sob a forma de um manual de pesquisa, dedica seus primeiros capítulos a algumas questões cruciais para as pessoas envolvidas na elaboração de teses e monografias: como escolher um bom assunto e um bom orientador?

LAVILLE, Christian; DIONNE, Jean. *A construção do saber*: manual de metodologia da pesquisa em ciências humanas. Porto Alegre: Artes Médicas Sul, 1999.

A segunda parte desse livro é dedicada ao trajeto científico que se inicia com a escolha do problema até a formulação das hipóteses. O texto auxilia na escolha de "bons" problemas e "boas" perguntas.

Como formular um problema de pesquisa?

Exercícios e trabalhos práticos

1. Classifique os problemas a seguir como: problemas científicos (C), de valor (V) ou de "engenharia" (E).
   a) O que determina o interesse dos psicológicos brasileiros pela orientação psicanalítica? ( )
   b) Que fatores estão associados à intenção de voto em candidatos conservadores? ( )
   c) Qual a melhor técnica psicoterápica? ( )
   d) Qual o procedimento mais prático para o armazenamento de milho em pequenas propriedades rurais? ( )
   e) É lícito fazer experiências com seres humanos? ( )
2. Verifique se os problemas abaixo estão formulados de acordo com as normas apresentadas neste capítulo.
   a) "Qual a preferência político-partidária dos habitantes da cidade de Belo Horizonte?"
   b) "Como são os habitantes da Europa?"
   c) "As donas de casa de classe média baixa preferem fazer suas compras em feiras livres, pois os preços são mais acessíveis."
   d) "Como se comportam os ratos após intenso período de privação?"
   e) "Como evoluiu o nível de emprego na construção civil nos últimos dez anos?"
3. Dê exemplos de problemas elaborados para atingir os seguintes propósitos:
   a) Predição de acontecimentos.
   b) Análise das consequências de alternativas diversas.
   c) Avaliação de programas.
   d) Exploração de um objeto pouco conhecido.
4. Com base no tema "preconceito racial", formule um problema sociológico, um psicológico e um econômico.

3

COMO CONSTRUIR HIPÓTESES?

3.1 Que são hipóteses?

Foi dito no capítulo anterior que a pesquisa científica se inicia com a construção de um problema passível de solução mediante a utilização de métodos científicos. O passo seguinte consiste em oferecer uma solução possível, mediante a construção de hipóteses. Por hipótese entende-se uma suposição ou explicação provisória do problema. Essa hipótese, que em sua forma mais simples consiste numa expressão verbal que pode ser definida como verdadeira ou falsa, deve ser submetida a teste. Se em decorrência do teste for reconhecida como verdadeira, passa a ser reconhecida como resposta ao problema.

Considere-se, por exemplo, o seguinte problema: "Que fatores contribuem para o consumo de cerveja por estudantes universitários?". Diversas respostas poderiam ser obtidas. Seria possível afirmar, por exemplo, que estudantes ansiosos tendem a consumir mais cerveja. Que estudantes do sexo masculino são mais propensos ao consumo. Que a proximidade de bares próximos à escola é um fator que estimula maior consumo. Que estudantes dos cursos noturnos tendem a consumir mais cerveja que os dos cursos matutinos. Essas afirmações podem ser verdadeiras ou falsas e verificadas mediante procedimentos específicos. Logo, podem ser consideradas hipóteses, pois são supostas respostas ao problema proposto.

Da análise desses exemplos depreende-se que as hipóteses podem ser constituídas por simples suposições ou palpites. De fato, as hipóteses podem ser entendidas como afirmações, muitas vezes derivadas do senso comum, mas que conduzem à verificação empírica. Cumprem sua finalidade no processo de investigação científica, tornando-se capazes, mediante o adequado teste, de proporcionar respostas aos problemas propostos.

As hipóteses podem se apresentar em diferentes níveis de formulação. Algumas são casuísticas, ou seja, referem-se a algo que ocorre em determinado caso. Outras orientam-se para descrever um fenômeno. Há, por fim, hipóteses que especificam relações entre dois ou mais fenômenos. Estas últimas são as que mais interessam à investigação científica e correspondem à definição proposta por Kerlinger (1980, p. 38): "Uma hipótese é um enunciado conjectural das relações entre duas ou mais variáveis".

3.2 Como as variáveis se relacionam nas hipóteses?

Classicamente, define-se *variável* tudo aquilo que pode assumir diferentes valores numéricos, como, por exemplo: temperatura, idade, renda familiar e número de filhos de um casal. Mas, para fins de pesquisa, pode-se entender variável como qualquer coisa capaz de ser classificada em duas ou mais categorias. Assim, sexo é uma variável, porque envolve duas categorias. Classe social também é uma variável, já que pode ser classificada em alta, média e baixa, por exemplo.

Com base na definição proposta por Kerlinger, tem-se uma hipótese quando se afirma que as variações de uma variável correspondem a variações de outra. Por exemplo:

- Países economicamente desenvolvidos apresentam baixos níveis de analfabetismo.
  Variáveis: desenvolvimento econômico e analfabetismo.
- O índice de suicídios é maior entre os solteiros que os casados.
  Variáveis: estado civil e índice de suicídios.

Note-se que essas hipóteses apenas afirmam a existência de relação entre as variáveis, mas nada informam acerca da possível influência de uma em relação à outra. Muitas das hipóteses de pesquisa, no entanto, antecipam algum tipo de influência. É o caso, por exemplo, da hipótese:

"A classe social da mãe influencia no tempo de amamentação dos filhos." Neste caso, estabelece-se uma relação de dependência entre as variáveis. Classe social é a variável independente (x) e tempo de amamentação é a variável dependente (y).

Variável independente: Variável dependente:
classe social (x) ──────────▶ (y) tempo de amamentação

Seja outro exemplo: "O reforço do professor tem como efeito o aumento da capacidade na leitura do aluno". Nesse caso, tem-se:

Variável independente: Variável dependente:
reforço do professor (x) ──────▶ (y) capacidade de leitura do aluno

Como construir hipóteses?

É usual dizer que as hipóteses desse grupo estabelecem a existência de relações causais entre as variáveis. Como, porém, o conceito de causalidade é bastante complexo, convém que seja analisado.

É comum tentar atribuir a um único acontecimento a condição de causador de outro. Todavia, na ciência moderna, especialmente nas ciências sociais, tende-se a acentuar a multiplicidade de condições, que, reunidas, tornam provável a ocorrência de determinado fenômeno. Assim, enquanto uma pessoa movida apenas pelo senso comum espera que um único fator seja suficiente para explicar determinado fato, o pesquisador planeja seu trabalho no sentido de verificar em que medida determinadas condições atuam tornando provável a ocorrência do fato.

O que geralmente o pesquisador busca é o estabelecimento de relações assimétricas entre as variáveis. As relações assimétricas indicam que os fenômenos não são independentes entre si (relações simétricas) e não se relacionam mutuamente (relações recíprocas), mas que um exerce influência sobre o outro.

Rosenberg (1976, p. 27) classifica as relações assimétricas em seis tipos, que são apresentados a seguir:

a) associação entre um estímulo e uma resposta. Por exemplo: "Adolescentes, filhos de pais viúvos ou divorciados, passam a ter autoestima em menor grau quando seus pais se casam novamente".

   Estímulo: Resposta:
   novo casamento (x) ⟶ (y) rebaixamento da autoestima

b) associação entre uma disposição e uma resposta. Essas disposições podem ser constituídas por atitudes, hábitos, valores, impulsos, traços de personalidade etc. Por exemplo: "Pessoas autoritárias manifestam preconceito racial em grau elevado".

   Disposição: Resposta:
   autoritarismo (x) ⟶ (y) preconceito racial

c) associação entre uma propriedade e uma disposição. Essas propriedades podem ser constituídas por sexo, idade, naturalidade, cor da pele, religião etc. Por exemplo: "Católicos tendem a ser menos favoráveis ao divórcio que os protestantes".

   Propriedade: Disposição:
   religião (x) ⟶ (y) favorabilidade ao divórcio

d) associação entre pré-requisito indispensável e um efeito. Por exemplo: "O capitalismo só se desenvolve quando existem trabalhadores livres".

   Pré-requisito: Efeito:
   existência de (y) desenvolvimento do
   trabalhadores livres (x) ⟶ capitalismo

e) relação imanente entre duas variáveis. Por exemplo: "Verifica-se a existência de relação entre urbanização e secularização". Não se afirma que uma variável causa outra, mas que a secularização é imanente à urbanização. À medida que as cidades crescem e desenvolvem estilos urbanos de vida, as explicações religiosas cedem lugar a explicações racionais.

urbanização (x) ⟶ (y) secularização

f) relação entre meios e fins. Por exemplo: "O aproveitamento dos alunos está relacionado ao tempo dedicado ao estudo".

tempo dedicado
ao estudo (x) ⟶ (y) aproveitamento dos alunos

Relações desse tipo são tratadas criticamente por muitos autores por apresentarem caráter finalista, o que dificulta a verificação empírica.

3.3 Como chegar a uma hipótese?

O processo de elaboração de hipótese é de natureza criativa. Por essa razão, é frequentemente associado a certa qualidade de "gênio". De fato, a elaboração de certas hipóteses pode exigir que gênios como Galileu ou Newton as proclamem. Todavia, em boa parte dos casos a qualidade mais requerida do pesquisador é a experiência na área. Não é possível, no entanto, determinar regras para a elaboração de hipóteses, já que implicaria sua limitação a um formalismo daquilo que é ilimitado ao pensamento e à criatividade humana (TRUJILLO FERRARI, 1982).

A análise da literatura referente à descoberta científica mostra que as hipóteses surgem de diversas fontes. Serão consideradas aqui as principais.

3.3.1 Observação

Esse é o procedimento fundamental na construção de hipóteses. O estabelecimento assistemático de relações entre os fatos no dia a dia é que fornece os indícios para a solução dos problemas propostos pela ciência. Alguns estudos valem-se exclusivamente de hipóteses dessa origem. Todavia, por si sós, essas hipóteses têm poucas probabilidades de conduzir a um conhecimento suficientemente geral e explicativo.

3.3.2 Resultados de outras pesquisas

As hipóteses elaboradas com base nos resultados de outras investigações geralmente conduzem a conhecimentos mais amplos que aquelas decorrentes da simples observação. À medida que uma hipótese se baseia em estudos anteriores e o estudo em que se insere a confirma, o resultado auxilia na demonstração de que a relação se repete regularmente. Por exemplo, se uma pesquisa realizada nos Estados Unidos confirma que empregados de nível elevado são menos motivados por salários que por desafios, e pesquisa posterior a confirma no Brasil, esses resultados passam a gozar de significativo grau de confiabilidade.

3.3.3 Teorias

As hipóteses derivadas de teorias são as mais interessantes no sentido de que proporcionam ligação clara com o conjunto mais amplo de conhecimentos das ciências. Todavia, nem sempre isso se torna possível, visto muitos campos da ciência carecerem de teorias suficientemente esclarecedoras da realidade.

3.3.4 Intuição

Também há hipóteses derivadas de simples palpites ou de intuições. A história da ciência registra vários casos de hipóteses desse tipo que conduziram a importantes descobertas. Como, porém, as intuições, por sua própria natureza, não deixam claro as razões que as determinaram, torna-se difícil avaliar *a priori* a qualidade dessas hipóteses.

3.4 Características da hipótese aplicável

Nem todas as hipóteses são testáveis. Com frequência, os pesquisadores elaboram extensa relação de hipóteses e depois de detida análise descartam a maior parte delas. Para que uma hipótese possa ser considerada logicamente aceitável, deve apresentar determinadas características. A seguir, são considerados alguns requisitos, baseados principalmente em Goode e Hatt (1969) e McGuigan (1976), mediante os quais se torna possível decidir acerca da testabilidade das hipóteses.

3.4.1 Deve ser conceitualmente clara

Os conceitos contidos na hipótese, particularmente os referentes a variáveis, precisam estar claramente definidos. Deve-se preferir as definições operacionais, isto é, aquelas que indicam as operações particulares que possibilitam o esclarecimento do conceito. Por exemplo, uma hipótese pode se referir ao nível de religiosidade, que será definido operacionalmente pela frequência aos cultos religiosos.

3.4.2 Deve ser específica

Muitas hipóteses são conceitualmente claras, mas requerem especificação para que possam ser verificadas. É possível, por exemplo, construir uma hipótese envolvendo a variável *status* social. Trata-se de um conceito claro, já que *status* refere-se à posição que o indivíduo ocupa na sociedade. Não constitui, no entanto, tarefa fácil determinar satisfatoriamente a posição dos indivíduos na sociedade. Por essa razão, são preferíveis as hipóteses que especificam o que de fato se pretende verificar. Poderá mesmo ser o caso de dividir a hipótese ampla em sub-hipóteses mais precisas, referindo-se à remuneração, à ocupação, ao nível educacional etc.

3.4.3 Deve ter referências empíricas

As hipóteses que envolvem julgamentos de valor não podem ser adequadamente testadas. Palavras como *bom*, *mau*, *deve* e *deveria* não conduzem à verificação empírica e devem ser evitadas na construção de hipóteses. A afirmação "Maus alunos não devem ingressar em faculdades de medicina" pode ser tomada como exemplo de hipótese que não pode ser testada empiricamente. Poderia ser o caso de se apresentá-la sob a forma "Alunos com baixo nível de aproveitamento escolar apresentam maiores dificuldades para o exercício da profissão de médico". Nesse caso, a hipótese envolve conceitos que podem ser verificados pela observação.

3.4.4 Deve ser parcimoniosa

Uma hipótese simples é sempre preferível a uma mais complexa, desde que tenha o mesmo poder explicativo. A lei de Lloyd Morgan constitui importante guia para a aplicação do princípio da parcimônia à pesquisa psicológica: "Em nenhum caso podemos interpretar uma ação como o resultado do exercício de uma faculdade psíquica superior, se ela puder ser interpretada como o resultado do exercício de uma que está mais abaixo na escala psicológica" (MORGAN, 1894, p. 53).

"Nenhuma atividade mental deve ser interpretada, em termos de processos psicológicos mais altos, se puder ser razoavelmente interpretada por processos mais baixos na escala de evolução e desenvolvimento psicológico" (*apud* McGUIGAN, 1976, p. 53). Um exemplo esclarece esse requisito. Se uma pessoa adivinhou corretamente o símbolo de um número maior de cartas do que seria provável casualmente, pode-se levantar uma série de hipóteses para explicar o fenômeno. Uma delas poderia considerar a percepção extrassensorial e outra que o sujeito espiou de alguma forma. É lógico que a última é a mais parcimoniosa e deve ser a preferida, pelo menos num primeiro momento da investigação.

3.4.5 Deve estar relacionada com as técnicas disponíveis

Nem sempre uma hipótese teoricamente bem elaborada pode ser testada empiricamente. É necessário que haja técnicas adequadas para a coleta dos dados exigidos para seu teste. Por essa razão, recomenda-se aos pesquisadores o exame de relatórios de pesquisa sobre o assunto a ser investigado, com vistas ao conhecimento das técnicas utilizadas. Quando não forem encontradas técnicas adequadas para o teste das hipóteses, o mais conveniente passa a ser a realização de estudos voltados para a descoberta de novas técnicas. Ou, então, a reformulação da hipótese com vistas a seu ajustamento às técnicas disponíveis.

3.4.6 Deve estar relacionada com uma teoria

Em muitas pesquisas sociais, esse critério não é considerado. Entretanto, as hipóteses elaboradas sem qualquer vinculação às teorias existentes não possibilitam a generalização de seus resultados. Goode e Hatt (1969, p. 63) citam o exemplo das hipóteses

Como construir hipóteses?

que relacionam raça e nível intelectual, que foram testadas nos Estados Unidos no período compreendido entre as duas guerras mundiais. Mediante a aplicação de testes de nível intelectual, verificou-se que filhos de imigrantes italianos e negros apresentavam nível intelectual mais baixo do que os americanos de origem anglo-saxônica. Essas hipóteses mostram-se, no entanto, bastante críticas quanto à possibilidade de generalização. Há teorias sugerindo que a estrutura intelectual da mente humana é determinada pela estrutura da sociedade. Com base nessas teorias foram elaboradas várias hipóteses relacionando o nível intelectual às experiências por que passaram os indivíduos. Essas hipóteses foram confirmadas e, por se vincularem a um sistema teórico consistente, possuem maior poder de explicação que as anteriores.

3.5 As hipóteses são necessárias em todas as pesquisas?

Rigorosamente, todo procedimento de coleta de dados depende da formulação prévia de uma hipótese. Ocorre que em muitas pesquisas as hipóteses não são explícitas. Todavia, nesses casos, é possível determinar as hipóteses subjacentes, mediante a análise dos instrumentos adotados para a coleta dos dados.

Seja o caso de uma pesquisa em que tenha sido formulada a seguinte questão: "Onde você compra suas roupas?". Está implícita a hipótese de que a pessoa compra suas roupas, não as confeccionando em sua própria casa.

Seja o caso de outra pesquisa em que apareça a seguinte questão, com as possíveis alternativas:

"Em que área da psicologia você pretende atuar?"

Clínica ( )
Escolar ( )
Organizacional ( )
Outra ( )

Está implícita a hipótese de que entre todas as áreas possíveis, a clínica, a escolar e a organizacional correspondem à maioria das escolhas.

Assim, em algumas pesquisas, as hipóteses são implícitas e em outras são formalmente expressas. Geralmente, naqueles estudos em que o objetivo é o de descrever determinado fenômeno ou as características de um grupo, as hipóteses não são enunciadas formalmente. Nesses casos, cada hipótese envolve uma única variável, sendo mais adequado indicá-la no enunciado dos objetivos da pesquisa.

Já naquelas pesquisas que têm como objetivo verificar relações de associação ou dependência entre variáveis, o enunciado claro e preciso das hipóteses constitui requisito fundamental.

Leitura recomendada

MARCONI, Marina de Andrade; LAKATOS, Eva Maria. Metodologia científica. 7. ed. São Paulo: Atlas, 2017.

O Capítulo 4 desse livro trata da importância e da função das hipóteses na pesquisa, esclarece acerca de suas principais modalidades e das características das hipóteses bem construídas.

Exercícios e trabalhos práticos

1. Analise o significado do termo *hipótese* a partir de sua etimologia. Hipótese deriva dos étimos gregos *hipo* (posição inferior) e *thesis* (proposição).
2. Após selecionar alguns artigos referentes a pesquisas científicas, verifique, na seção correspondente ao método, se foram construídas hipóteses.
3. Formule dez hipóteses que envolvam relações entre variáveis. A seguir, classifique essas relações como simétricas, assimétricas ou recíprocas.
4. Entre as hipóteses formuladas, relacione as que envolvem relações assimétricas e classifique-as de acordo com o tipo de relação.
5. Verifique se essas hipóteses são aplicáveis, de acordo com os requisitos considerados neste capítulo.

4

COMO CLASSIFICAR AS PESQUISAS?

4.1 Que critérios podem ser adotados para classificar as pesquisas?

A tendência à classificação é uma característica da racionalidade humana. Ela possibilita melhor organização dos fatos e, consequentemente, o seu entendimento. Assim, classificar as pesquisas torna-se uma atividade importante. À medida que se dispõe de um sistema de classificação, torna-se possível reconhecer as semelhanças e diferenças entre as diversas modalidades de pesquisa. Dessa forma, o pesquisador passa a dispor de mais elementos para decidir acerca de sua aplicabilidade na solução dos problemas propostos para investigação.

Cada pesquisa é naturalmente diferente de qualquer outra. Daí a necessidade de previsão e provisão de recursos de acordo com a sua especificidade. Mas quando o pesquisador consegue rotular seu projeto de pesquisa de acordo com um sistema de classificação, torna-se capaz de conferir maior racionalidade às etapas requeridas para sua execução. O que pode significar a realização da pesquisa em tempo mais curto, a maximização da utilização de recursos e, certamente, a obtenção de resultados mais satisfatórios.

As pesquisas podem ser classificadas de diferentes maneiras. Mas para que essa classificação seja coerente, é necessário definir previamente o critério adotado. Com efeito, é possível estabelecer múltiplos sistemas de classificação e defini-los segundo a área de conhecimento, a finalidade, o nível de explicação e os métodos adotados.

4.1.1 Como classificar as pesquisas segundo a área de conhecimento

As pesquisas podem ser classificadas segundo a área de conhecimento. Trata-se de um sistema importante para definição de políticas de pesquisa e concessão de financiamento. Por essa razão é que em nível nacional adota-se a classificação elaborada pelo Conselho Nacional de Desenvolvimento Científico e Tecnológico (CNPq), que é a principal agência destinada ao fomento da pesquisa científica e tecnológica e à formação de recursos humanos para a pesquisa no país.

O CNPq classifica as pesquisas em sete grandes áreas: 1) Ciências Exatas e da Terra; 2) Ciências Biológicas; 3) Engenharias; 4) Ciências da Saúde; 5) Ciências Agrárias; 6) Ciências Sociais Aplicadas; e 7) Ciências Humanas. Essas grandes áreas são subdivididas em áreas, que correspondem a conjuntos de conhecimentos inter-relacionados, reunidos segundo a natureza dos objetos de investigação com finalidades de ensino, pesquisa e aplicações práticas. Cada uma dessas áreas, por sua vez, é subdividida em subáreas, que são estabelecidas em função dos objetos de estudo e dos procedimentos metodológicos. Essas subáreas, por fim, são subdivididas em especialidades, que correspondem à caracterização temática das atividades de pesquisa e ensino.

4.1.2 Como classificar as pesquisas segundo sua finalidade

Uma das maneiras mais tradicionais de classificação das pesquisas é a que estabelece duas grandes categorias. A primeira, denominada pesquisa básica, reúne estudos que têm como propósito preencher uma lacuna no conhecimento. A segunda, denominada pesquisa aplicada, abrange estudos elaborados com a finalidade de resolver problemas identificados no âmbito das sociedades em que os pesquisadores vivem.

Embora as duas categorias correspondam a pesquisas que têm propósitos diferentes, nada impede que pesquisas básicas sejam utilizadas com a finalidade de contribuir para a solução de problemas de ordem prática. Da mesma forma, pesquisas aplicadas podem contribuir para a ampliação do conhecimento científico e sugerir novas questões a serem investigadas.

A notável ampliação da quantidade de pesquisas, tanto básicas quanto aplicadas, bem como sua interdependência, vêm sugerindo novos sistemas de classificação. Um desses sistemas é o proposto pela *Adelaide University* (2008), que define as categorias:

- *Pesquisa básica pura*. Pesquisas destinadas unicamente à ampliação do conhecimento, sem qualquer preocupação com seus possíveis benefícios.
- *Pesquisa básica estratégica*. Pesquisas voltadas à aquisição de novos conhecimentos direcionados a amplas áreas com vistas à solução de reconhecidos problemas práticos.
- *Pesquisa aplicada*. Pesquisas voltadas à aquisição de conhecimentos com vistas à aplicação numa situação específica.
- *Desenvolvimento experimental*. Trabalho sistemático, que utiliza conhecimentos derivados da pesquisa ou experiência prática com vistas à produção de novos materiais,

Como classificar as pesquisas?

equipamentos, políticas e comportamentos, ou à instalação ou melhoria de novos sistemas e serviços.

4.1.3 Como classificar as pesquisas segundo seus propósitos mais gerais

Toda pesquisa tem seus objetivos, que tendem, naturalmente, a ser diferentes dos objetivos de qualquer outra. No entanto, em relação aos objetivos mais gerais, ou propósitos, as pesquisas podem ser classificadas em exploratórias, descritivas e explicativas.

As **pesquisas exploratórias** têm como propósito proporcionar maior familiaridade com o problema, com vistas a torná-lo mais explícito ou a construir hipóteses. Seu planejamento tende a ser bastante flexível, pois interessa considerar os mais variados aspectos relativos ao fato ou fenômeno estudado. A coleta de dados pode ocorrer de diversas maneiras, mas geralmente envolve: 1) levantamento bibliográfico; 2) entrevistas com pessoas que tiveram experiência prática com o assunto; e 3) análise de exemplos que estimulem a compreensão (SELLTIZ *et al.*, 1967, p. 63). Em virtude dessa flexibilidade, torna-se difícil, na maioria dos casos, "rotular" os estudos exploratórios, mas é possível identificar pesquisas bibliográficas, estudos de caso e mesmo levantamentos de campo que podem ser considerados estudos exploratórios.

Pode-se afirmar que a maioria das pesquisas realizadas com propósitos acadêmicos, pelo menos num primeiro momento, assume o caráter de pesquisa exploratória, pois nesse momento é pouco provável que o pesquisador tenha uma definição clara do que irá investigar.

As **pesquisas descritivas** têm como objetivo a descrição das características de determinada população ou fenômeno. Podem ser elaboradas também com a finalidade de identificar possíveis relações entre variáveis. São em grande número as pesquisas que podem ser classificadas como descritivas e a maioria das que são realizadas com objetivos profissionais provavelmente se enquadra nessa categoria.

Entre as pesquisas descritivas, salientam-se aquelas que têm por objetivo estudar as características de um grupo: sua distribuição por idade, sexo, procedência, nível de escolaridade, estado de saúde física e mental etc. Outras pesquisas desse tipo são as que se propõem a estudar o nível de atendimento dos órgãos públicos de uma comunidade, as condições de habitação de seus habitantes, o índice de criminalidade que aí se registra etc. São incluídas nesse grupo as pesquisas que têm por objetivo levantar as opiniões, atitudes e crenças de uma população. Também são pesquisas descritivas aquelas que visam descobrir a existência de associações entre variáveis, como, por exemplo, as pesquisas eleitorais que indicam a relação entre preferência político-partidária e nível de rendimentos ou de escolaridade.

Algumas pesquisas descritivas vão além da simples identificação da existência de relações entre variáveis, e pretendem determinar a natureza dessa relação. Nesse caso, tem-se uma pesquisa descritiva que se aproxima da explicativa. Há, porém, pesquisas que, embora definidas como descritivas com base em seus objetivos, acabam servindo mais para proporcionar uma nova visão do problema, o que as aproxima das pesquisas exploratórias.

As **pesquisas explicativas** têm como propósito identificar fatores que determinam ou contribuem para a ocorrência de fenômenos. Essas pesquisas são as que mais aprofundam o conhecimento da realidade, pois têm como finalidade explicar a razão, o porquê das coisas. Por isso mesmo, constitui o tipo mais complexo e delicado de pesquisa, já que o risco de cometer erros se eleva consideravelmente.

Pode-se dizer que o conhecimento científico está assentado nos resultados oferecidos pelos estudos explicativos. Isso não significa, porém, que as pesquisas exploratórias e descritivas tenham menos valor, porque quase sempre constituem etapa prévia indispensável para que se possam obter explicações científicas. Uma pesquisa explicativa pode ser a continuação de outra descritiva, posto que a identificação dos fatores que determinam um fenômeno exige que este esteja suficientemente descrito e detalhado.

As pesquisas explicativas nas ciências naturais valem-se quase exclusivamente do método experimental. Nas ciências sociais, a aplicação desse método reveste-se de muitas dificuldades, razão pela qual se recorre também a outros métodos, sobretudo ao observacional. Nem sempre se torna possível a realização de pesquisas rigidamente explicativas em ciências sociais, mas em algumas áreas, sobretudo da psicologia, as pesquisas revestem-se de elevado grau de controle, chegando mesmo a ser chamadas "quase experimentais".

4.1.4 Como classificar as pesquisas segundo os métodos empregados

Para que se possa avaliar a qualidade dos resultados de uma pesquisa, é necessário saber como os dados foram obtidos, bem como os procedimentos adotados em sua análise e interpretação. Daí o surgimento de sistemas que classificam as pesquisas segundo a natureza dos dados (pesquisa quantitativa e qualitativa), o ambiente em que estes são coletados (pesquisa de campo ou de laboratório), o grau de controle das variáveis (experimental e não experimental) etc.

Os ambientes em que ocorre a pesquisa são muito diversificados. Também são muito diversos os métodos e técnicas utilizados para coleta e análise dos dados. Além disso, há diferentes enfoques adotados em sua análise e interpretação. Assim, torna-se interessante classificar as pesquisas segundo o delineamento adotado, já que este possibilita considerar todos esses elementos.

Por delineamento (*design*, em inglês) entende-se o planejamento da pesquisa em sua dimensão mais ampla, que envolve os fundamentos metodológicos, a definição dos objetivos, o ambiente da pesquisa e a determinação das técnicas de coleta e análise de dados. Assim, o delineamento da pesquisa expressa tanto a ideia de modelo quanto a de plano.

Podem ser identificados muitos delineamentos de pesquisa. Como na definição dos delineamentos são considerados muitos elementos, nenhum sistema de classificação pode ser considerado exaustivo, pois é provável que se encontrem pesquisas que não se enquadram em qualquer das categorias propostas.

O sistema aqui adotado leva em consideração o ambiente de pesquisa, a abordagem teórica e as técnicas de coleta e análise de dados. Assim, definem-se os seguintes delineamentos de pesquisa: 1) pesquisa bibliográfica; 2) pesquisa documental; 3) pesquisa experimental; 4) ensaio clínico; 5) estudo caso-controle; 6) estudo de coorte; 7) levantamento de campo (*survey*); 8) estudo de caso; 9) pesquisa narrativa; 10) pesquisa etnográfica; 11) pesquisa fenomenológica; 12) teoria fundamentada nos dados (*grounded theory*); 13) pesquisa-ação; 14) pesquisa participante; e 15) pesquisas de métodos mistos.

4.2 Que é pesquisa bibliográfica?

A pesquisa bibliográfica é elaborada com base em material já publicado. Tradicionalmente, essa modalidade de pesquisa inclui ampla variedade de material impresso, como livros, revistas, jornais, teses, dissertações e anais de eventos científicos. Todavia, em virtude da disseminação das novas tecnologias de comunicação e informação, passaram a incluir materiais em outros formatos, como discos, fitas magnéticas, microfilmes, CDs, bem como o material disponibilizado pela Internet.

Praticamente toda pesquisa acadêmica requer em algum momento a realização de trabalho que pode ser caracterizado como pesquisa bibliográfica. Tanto é que, na maioria das teses e dissertações desenvolvidas atualmente, um capítulo ou seção é dedicado à revisão bibliográfica, que é elaborada com o propósito de fornecer fundamentação teórica ao trabalho, bem como a identificação do estágio atual do conhecimento referente ao tema.

Em algumas áreas do conhecimento, a maioria das pesquisas é realizada com base principalmente em material obtido em fontes bibliográficas. É o caso das pesquisas no campo do Direito, da Filosofia e da Literatura. Também são elaboradas principalmente com base em material já publicado, as pesquisas referentes ao pensamento de determinado autor e as que se propõem a analisar posições diversas em relação a determinado assunto.

A principal vantagem da pesquisa bibliográfica está no fato de permitir ao investigador a cobertura de uma gama de fenômenos muito mais ampla do que aquela que poderia pesquisar diretamente. Essa vantagem tem, no entanto, uma contrapartida que pode comprometer em muito a qualidade da pesquisa. Pode ocorrer que os dados disponibilizados em fontes escritas tenham sido coletados ou processados de forma inadequada. Assim, um trabalho fundamentado nessas fontes tenderá a reproduzir ou mesmo a ampliar esses erros. Para reduzir essa possibilidade, convém aos pesquisadores assegurarem-se das condições em que os dados foram obtidos, analisar em profundidade cada informação para descobrir possíveis incoerências ou contradições e utilizar fontes diversas, cotejando-as cuidadosamente.

4.3 Que é pesquisa documental?

A pesquisa documental é utilizada em praticamente todas as ciências sociais e constitui um dos delineamentos mais importantes no campo da História e da Economia. Como delineamento, apresenta muitos pontos de semelhança com a pesquisa bibliográfica, posto que nas duas modalidades se utilizam dados já existentes. A principal diferença está na natureza das fontes. A pesquisa bibliográfica fundamenta-se em material elaborado por autores com o propósito específico de ser lido por públicos específicos. Já a pesquisa documental vale-se de toda sorte de documentos, elaborados com finalidades diversas, tais como assentamento, autorização, comunicação etc. Mas há fontes que ora são consideradas bibliográficas, ora documentais. Por exemplo, relatos de pesquisas, relatórios e boletins e jornais de empresas, atos jurídicos, compilações estatísticas etc. Assim, recomenda-se que seja considerada fonte documental quando o material consultado é interno à organização, e fonte bibliográfica quando for obtido em bibliotecas ou bases de dados.

A modalidade mais comum de documento é a constituída por um texto escrito em papel, mas estão se tornando cada vez mais frequentes os documentos eletrônicos, disponíveis sob os mais diversos formatos. O conceito de documento, por sua vez, é bastante amplo, já que este pode ser constituído por qualquer objeto capaz de comprovar algum fato ou acontecimento. Assim, para um arqueólogo, um fragmento de cerâmica pode ser reconhecido como um importante documento para o estudo da cultura de povos antigos. Inscrições em paredes, por sua vez, podem ser consideradas como documentos em pesquisas no campo da comunicação social.

Dentre os mais utilizados nas pesquisas, estão: 1) documentos institucionais, mantidos em arquivos de empresas, órgãos públicos e outras organizações; 2) documentos pessoais, como cartas e diários; 3) material elaborado para fins de divulgação, como *folders*, catálogos e convites; 4) documentos jurídicos, como certidões, escrituras, testamentos e inventários; 5) documentos iconográficos, como fotografias, quadros e imagens; e 6) registros estatísticos.

4.4 Que é pesquisa experimental?

O esquema básico da experimentação pode ser assim descrito: seja Z o fenômeno estudado, que em condições não experimentais se apresenta perante os fatores A, B, C e D. A primeira prova consiste em controlar cada um desses fatores, anulando sua influência, para observar o que ocorre com os restantes. Tome o exemplo:

A, B e C	produzem Z
A, B e D	não produzem Z
B, C e D	produzem Z

Dos resultados dessas provas, pode-se inferir que C é condição para a produção de Z. Se for comprovado, ainda, que unicamente com o fator C, excluindo-se os demais, Z também ocorre, pode-se também afirmar que C é condição necessária e suficiente para a ocorrência de Z, ou, em outras palavras, que é sua causa. Claro que o exemplo aqui citado é extremamente simples, pois na prática verificam-se condicionamentos dos mais diferentes tipos, o que exige trabalho bastante intenso, tanto para controlar a quantidade de variáveis envolvidas quanto para mensurá-las.

Quando os objetos em estudo são entidades físicas, tais como porções de líquidos, bactérias ou ratos, não se identificam grandes limitações quanto à possibilidade de experimentação. Quando, porém, se trata de experimentar com objetos sociais, ou seja, com pessoas, grupos ou instituições, as limitações tornam-se bem evidentes. A complexidade do ser humano, sua historicidade e, sobretudo, suas implicações éticas dificultam a realização de pesquisas experimentais nas ciências humanas. Constata-se, no entanto, a utilização cada vez mais frequente de experimentos com seres humanos no âmbito da Psicologia (por exemplo, estudos sobre aprendizagem), da Psicologia Social (por exemplo, mensuração de atitudes, comportamento de pequenos grupos, efeitos da propaganda etc.) e da Sociologia do Trabalho (por exemplo, influência de fatores sociais na produtividade).

A pesquisa experimental constitui o delineamento mais prestigiado nos meios científicos. Consiste essencialmente em determinar um objeto de estudo, selecionar as variáveis capazes de influenciá-lo e definir as formas de controle e de observação dos efeitos que a variável produz no objeto. Trata-se, portanto, de uma pesquisa em que o pesquisador é um agente ativo, e não um observador passivo.

Segundo o modelo clássico de pesquisa experimental, o pesquisador precisa manipular pelo menos um dos fatores que se acredita ser responsável pela ocorrência do fenômeno que está sendo pesquisado.

Nem sempre, porém, verifica-se nas pesquisas o pleno controle da aplicação dos estímulos experimentais ou a distribuição aleatória dos elementos que compõem os grupos. Nesses casos, não se tem rigorosamente uma pesquisa experimental, mas quase-experimental (CAMPBELL; STANLEY, 1979). Por exemplo, em populações grandes, como as de cidades, indústrias, escolas e quartéis, nem sempre se torna possível selecionar aleatoriamente subgrupos para tratamentos experimentais diferenciais, mas torna-se possível exercer algum controle experimental sobre esses subgrupos. Esses delineamentos quase-experimentais são substancialmente mais fracos, porque sem a distribuição aleatória não se pode garantir que os grupos experimentais e de controle sejam iguais no início do estudo. Não são, no entanto, destituídos de valor. O importante nesses casos é que o pesquisador apresente seus resultados esclarecendo o que seu estudo deixou de controlar.

Há, ainda, pesquisas que, embora algumas vezes designadas como experimentais, não podem, a rigor, ser consideradas como tal. É o caso dos estudos que envolvem um único caso, sem controle, ou que aplicam pré-teste e pós-teste a um único grupo. Essas pesquisas apresentam muitas fraquezas e melhor será caracterizá-las como pré-experimentais (CAMPBELL; STANLEY, 1979).

4.5 Que é ensaio clínico?

Os ensaios clínicos constituem um tipo de pesquisa em que o investigador aplica um tratamento – denominado intervenção – e observa os seus efeitos sobre um desfecho.

Seu objetivo fundamental é o de responder questões referentes à eficácia de novas drogas ou tratamentos. São estudos de caráter experimental ou quase-experimental, realizados com pessoas que deles participam voluntariamente.

Em sua forma mais simples, os ensaios clínicos utilizam dois grupos idênticos de pacientes: o grupo experimental ou de estudo e o grupo controle. No primeiro, avalia-se o efeito de um novo tratamento. O grupo controle recebe o tratamento convencional ou o placebo. O placebo é um medicamento de aparência idêntica ao administrado no grupo experimental, com a diferença de que não contém o princípio ativo, sendo, portanto, inócuo. Assim, estuda-se o efeito de um novo tratamento comparado ao de outro já conhecido ou o efeito de uma nova droga contra o efeito do placebo.

O ensaio clínico é o delineamento adotado no campo da saúde que mais se assemelha ao plano experimental clássico e, por isso, é reconhecido como o mais poderoso para avaliar a eficácia de um tratamento, seja ele efetivado por fármacos, por cirurgia ou por qualquer outro tipo de intervenção. Com efeito, quando conduzidos cuidadosamente, os ensaios clínicos apresentam uma chance de conduzir a um resultado mais seguro em comparação a outros tipos de pesquisa.

Os ensaios clínicos são utilizados principalmente para verificar a eficácia de tratamentos e de medicamentos. Mas podem ser usados também na avaliação de cuidados com a saúde. Crombie (1996) relata a utilização de ensaios clínicos para avaliar a contribuição de serviços psicossociais na reabilitação de usuários de drogas, o papel de agentes de saúde na prevenção de fraturas em pessoas idosas, os efeitos de exercícios aeróbicos no volume de leite produzido por mulheres lactantes e a eficácia dos cuidados geriátricos na reabilitação de pacientes com fraturas.

4.6 Que é estudo de coorte?

O estudo de coorte refere-se a um grupo de pessoas que têm alguma característica comum, constituindo uma amostra a ser acompanhada por certo período de tempo, para se observar e analisar o que acontece com elas. Assim como o estudo de caso-controle, é muito utilizado na pesquisa nas ciências da saúde.

Os estudos de coorte podem ser prospectivos (contemporâneos) ou retrospectivos (históricos). O estudo de coorte prospectivo é elaborado no presente, com previsão de acompanhamento determinado, segundo o objeto de estudo. Sua principal vantagem é a de propiciar um planejamento rigoroso, o que lhe confere um rigor científico que o aproxima do delineamento experimental. O estudo de coorte retrospectivo é elaborado com base em registros do passado com seguimento até o presente. Só se torna viável quando se dispõe de arquivos com protocolos completos e organizados.

Suponha-se uma pesquisa que tem como objetivo verificar a exposição passiva à fumaça de cigarro e a incidência de câncer no pulmão. Basicamente, a pesquisa começa pela seleção de uma amostra de indivíduos expostos ao fator de risco e de outra amostra equivalente de não expostos.

A primeira amostra equivale ao grupo experimental e a segunda ao grupo de controle. A seguir, faz-se o seguimento de ambos os grupos e, após determinado período, verifica-se o quanto os indivíduos expostos estão mais sujeitos à doença do que os não expostos.

A despeito do amplo reconhecimento pela comunidade científica, os estudos de coorte apresentam diversas limitações. Uma das mais importantes refere-se à não utilização do critério de aleatoriedade na formação dos grupos de participantes. Outra limitação refere-se à exigência de uma amostra muito grande, o que faz com que a pesquisa se torne muito onerosa.

4.7 Que é estudo caso-controle?

Diferentemente dos estudos de coorte e dos ensaios clínicos, os estudos de caso-controle são retrospectivos. São estudos *ex-post-facto*, ou seja, feitos de trás para frente, depois que os fatos ocorreram. Ou, em outras palavras: partem do consequente (a doença) para o antecedente (a exposição ao fator de risco). A principal diferença em relação aos ensaios clínicos é que nos estudos caso-controle o pesquisador não dispõe de controle sobre a variável independente, que constitui o fator presumível do fenômeno, porque ele já ocorreu. O que o pesquisador procura fazer nesse tipo de pesquisa é identificar situações que se desenvolveram naturalmente e trabalhar sobre elas como se estivessem submetidas a controles.

Nesses estudos, comparam-se indivíduos que apresentam o desfecho esperado com indivíduos que não o apresentam. Tem-se, pois, a comparação entre duas amostras: a primeira, constituída de determinada casuística – casos – e a segunda, selecionada a partir da primeira, semelhante a ela em todas as características, exceto em relação à doença em estudo – controles. Retrospectivamente, o pesquisador determina quais indivíduos foram expostos ao agente ou tratamento ou à prevalência de uma variável em cada um dos dois grupos de estudo.

Os estudos caso-controle também apresentam semelhanças com os estudos de coorte, pois ambos visam permitir comparações internas entre os grupos de estudo e de controle. Mas diferem principalmente em relação à maneira como os grupos são constituídos. No delineamento caso-controle, os pesquisadores é que manipulam os dados de comparação. Já nos estudos de coorte, fatores naturais e sociais é que determinam quem se torna caso e quem se torna controle. Pode-se, portanto, afirmar que apesar de suas semelhanças, a estrutura de um estudo de coorte é a inversa da de um estudo de caso-controle. Nos estudos de coorte, o que se pretende conhecer são os efeitos de exposição, enquanto nos estudos de caso-controle, as causas da doença.

Essa modalidade de pesquisa tem como principal vantagem o fato de ser rápida e pouco onerosa, além de ser útil para gerar novas hipóteses. Assim, opta-se pelo estudo caso-controle em relação ao de coorte em doenças menos comuns. Às vezes, representa a única opção possível de estudo em doenças raras. Também se utiliza esse delineamento em situações em que, por motivos éticos, a permanência da exposição seria maléfica ao paciente no seguimento da coorte, uma vez que no estudo caso-controle a exposição já teria ocorrido.

4.8 Que é levantamento?

As pesquisas desse tipo caracterizam-se pela interrogação direta das pessoas cujo comportamento se deseja conhecer. Basicamente, procede-se à solicitação de informações a um grupo significativo de pessoas acerca do problema estudado para, em seguida, mediante análise quantitativa, obterem-se as conclusões correspondentes aos dados coletados.

Quando o levantamento recolhe informações de todos os integrantes do universo pesquisado, tem-se um censo. Os censos são muito úteis, pois proporcionam informações gerais acerca das populações, que são indispensáveis em boa parte das investigações sociais. Todavia, pelas dificuldades materiais que envolvem sua realização, os censos só podem ser efetivamente desenvolvidos pelos governos ou por instituições de amplos recursos.

Na maioria dos levantamentos, não são pesquisados todos os integrantes da população estudada. Antes seleciona-se, mediante procedimentos estatísticos, uma amostra significativa de todo o universo. Os resultados obtidos com base nessa amostra são projetados para a totalidade do universo, levando em consideração a margem de erro, que é obtida mediante cálculos estatísticos.

Como os experimentos são relativamente raros em ciências sociais, os levantamentos são considerados os mais adequados para investigação nesse campo. Sua principal vantagem é a de que, por serem os dados obtidos mediante interrogação, obtém-se um conhecimento direto da realidade. Além disso, os dados, que podem ser obtidos com rapidez e custos relativamente baixos, possibilitam seu tratamento mediante procedimentos estatísticos. E quando são obtidos com base em amostras selecionadas por critérios probabilísticos, possibilitam até mesmo a avaliação da margem de erro de seus resultados.

Mas os levantamentos também apresentam limitações. A mais notável é que os dados obtidos se referem principalmente à percepção que as pessoas têm de si mesmas. Ora, a percepção é subjetiva, o que pode resultar em dados distorcidos, pois há muita diferença entre o que as pessoas fazem ou sentem e o que elas dizem a esse respeito. Outra limitação refere-se à sua inadequação aos estudos que têm como propósito o estudo da estrutura e dos processos sociais mais amplos. Uma outra limitação, por fim, refere-se ao fato de os levantamentos proporcionarem uma visão estática do fenômeno estudado, não favorecendo o estudo dos processos de mudança.

Considerando as vantagens e limitações anteriormente expostas, pode-se dizer que os levantamentos se tornam muito mais adequados para estudos descritivos que para estudos explicativos. São inapropriados para o aprofundamento dos aspectos psicológicos e psicossociais mais complexos, porém muito eficazes para estudos com finalidade descritiva, como os referentes a preferência eleitoral e comportamento do consumidor. São muito úteis para o estudo de opiniões e atitudes, porém pouco indicados no estudo de problemas referentes a relações e estruturas sociais complexas.

4.9 Que é estudo de caso?

O estudo de caso é uma modalidade de pesquisa amplamente utilizada nas ciências sociais. Consiste no estudo profundo e exaustivo de um ou poucos casos, de maneira que permita seu amplo e detalhado conhecimento; tarefa praticamente impossível mediante outros delineamentos já considerados.

Durante muito tempo, o estudo de caso foi encarado como procedimento pouco rigoroso, que serviria apenas para estudos de natureza exploratória. Hoje, porém, é reconhecido como o delineamento mais adequado para a investigação de um fenômeno contemporâneo dentro de seu contexto real, onde os limites entre o fenômeno e o contexto não são claramente percebidos (YIN, 2013). Ora, nas ciências sociais a distinção entre o fenômeno e seu contexto representa uma das grandes dificuldades com que se deparam os pesquisadores; o que, muitas vezes, chega a impedir o tratamento de determinados problemas mediante procedimentos caracterizados por alto nível de estruturação, como os experimentos e os levantamentos. Daí, então, a crescente utilização do estudo de caso no âmbito dessas ciências, com diferentes propósitos, tais como:

a) explorar situações da vida real cujos limites não estão claramente definidos;
b) preservar o caráter unitário do objeto estudado;
c) descrever a situação do contexto em que está sendo feita determinada investigação;
d) formular hipóteses ou desenvolver teorias; e
e) explicar as variáveis causais de determinado fenômeno em situações muito complexas que não possibilitam a utilização de levantamentos e experimentos.

A despeito de sua crescente utilização nas Ciências Sociais, encontram-se muitas objeções a sua aplicação. Uma delas refere-se à falta de rigor metodológico, pois, diferentemente do que ocorre com os experimentos e levantamentos, para a realização de estudos de caso não são definidos procedimentos metodológicos rígidos. Por essa razão, são frequentes os vieses nos estudos de caso, os quais acabam comprometendo a qualidade de seus resultados. Ocorre, porém, que os vieses não são prerrogativa dos estudos de caso; podem ser constatados em qualquer modalidade de pesquisa. Logo, o que cabe propor ao pesquisador disposto a desenvolver estudos de caso é que redobre seus cuidados tanto no planejamento quanto na coleta e análise dos dados para minimizar o efeito dos vieses.

Outra objeção refere-se à dificuldade de generalização. A análise de um único ou de poucos casos de fato fornece uma base muito frágil para a generalização. No entanto, os propósitos do estudo de caso não são os de proporcionar o conhecimento preciso das características de uma população, mas sim o de proporcionar uma visão global do problema ou de identificar possíveis fatores que o influenciam ou são por ele influenciados.

Outra objeção refere-se ao tempo destinado à pesquisa. Alega-se que os estudos de caso demandam muito tempo para serem realizados e que frequentemente seus resultados se tornam e pouco consistentes. De fato, os primeiros trabalhos qualificados como estudos de caso nas ciências sociais foram desenvolvidos em longos períodos de tempo. Todavia, a experiência acumulada nas últimas décadas mostra que é possível a realização de estudos de caso em períodos mais curtos e com resultados passíveis de confirmação por outros estudos.

Convém ressaltar, no entanto, que um bom estudo de caso constitui tarefa difícil de realizar. Mas é comum encontrar pesquisadores inexperientes, entusiasmados pela flexibilidade metodológica dos estudos de caso, que decidem adotá-lo em situações para as quais não é recomendado. Como consequência, ao final de sua pesquisa, conseguem apenas um amontoado de dados que não conseguem analisar nem interpretar.

4.10 Que é pesquisa narrativa?

Trata-se de uma das mais antigas modalidades de pesquisa qualitativa. Refere-se a estudos baseados em relatos escritos ou falados, ou em representações visuais dos indivíduos. Em sua forma mais comum, consiste em reunir histórias sobre determinado assunto com o propósito de conhecer um fenômeno específico. Constitui, portanto, uma modalidade de pesquisa em que a própria história dos indivíduos é o objeto de estudo.

As pesquisas narrativas envolvem, na maioria dos casos, um pequeno número de indivíduos, já que é importante garantir que seja obtida uma narrativa ou história de vida de cada participante. Embora as histórias sejam geralmente obtidas mediante entrevistas, beneficiam-se também com a obtenção de dados por outros meios, tais como observações nos locais relatados, análise de fotografias, cartas e outros documentos, bem como o depoimento de pessoas com quem o entrevistado tenha convivido.

Podem ser identificadas diferentes modalidades de pesquisas narrativas. Uma dessas modalidades é o estudo biográfico, em que o pesquisador descreve as experiências de vida de outras pessoas, obtidas mediante contato direto com elas. Outra modalidade é a autoetnografia, que é escrita e registrada pelos próprios indivíduos que são objeto de estudo, e que contribuem para compreender sua experiência cultural. Tem-se, ainda, a história oral, que consiste na obtenção de depoimentos de pessoas que podem testemunhar sobre acontecimentos, instituições, modos de vida, conjunturas ou outros aspectos de interesse para a investigação social. Contudo, a modalidade mais importante é a história de vida, que consiste no relato pessoal de um indivíduo acerca de sua própria existência. Pode-se referir à sua vida inteira, mas na maioria dos estudos abrange episódios ou situações particulares de interesse para a pesquisa.

4.11 Que é pesquisa fenomenológica?

Trata-se de modalidade de pesquisa qualitativa que se propõe a uma descrição da experiência vivida da consciência, mediante o expurgo de suas características empíricas e sua consideração no plano da realidade essencial. Constitui, pois, um tipo de pesquisa que busca descrever e interpretar os fenômenos que se apresentam à percepção. Seu objetivo é chegar à contemplação das essências, isto é, ao conteúdo inteligível e ideal dos fenômenos de forma imediata. Seus fundamentos são encontrados na Fenomenologia, movimento filosófico iniciado no século XX e que tem como principais expoentes Edmund Husserl (1859-1938), Martin Heidegger (1889-1976) e Maurice Merleau-Ponty (1908-1961).

A pesquisa fenomenológica busca a interpretação do mundo através da consciência do sujeito formulada com base em suas experiências. Seu objeto é, portanto, o próprio fenômeno tal como se apresenta à consciência, ou seja, o que aparece, e não o que se pensa ou se afirma a seu respeito. Tudo, pois, tem que ser estudado tal como é para o sujeito, sem interferência de qualquer regra de observação. Para a fenomenologia, um objeto pode ser uma coisa concreta, mas também uma sensação, uma recordação, não importando se este constitui uma realidade ou uma aparência.

Na pesquisa fenomenológica, a atenção do pesquisador volta-se, portanto, para a relação sujeito-objeto, o que implica a extinção da separação entre sujeito e objeto. Assim, a pesquisa fenomenológica torna-se radicalmente diferente dos delineamentos orientados pela perspectiva positivista, como os experimentos e os levantamentos. Por essa razão é que a Fenomenologia constitui muito mais como uma postura, um modo de compreender o mundo, do que como uma teoria, um modo de explicá-lo.

Para muitos pesquisadores, torna-se difícil a aceitação dos princípios que orientam a pesquisa fenomenológica, já que implica mudar radicalmente a maneira de conceber a realidade. Nessa modalidade de pesquisa não se busca, como preconizava Émile Durkheim, tratar os fatos sociais como coisas, ou seja, compreendê-los mediante a utilização de procedimentos semelhantes ao das ciências naturais. E por seu próprio modo de ser, não existe um caminho sistemático de aprendizagem da postura fenomenológica, a não ser pela exaustiva leitura das obras de seus diversos autores.

O método fenomenológico apresenta dois momentos: a redução fenomenológica e a redução eidética. A redução fenomenológica (ou *epoché*, em grego = colocar entre parênteses) consiste em restringir o conhecimento ao fenômeno da experiência de consciência, o que implica desconsiderar o mundo real, colocá-lo "entre parênteses". Trata-se, pois, do processo pelo qual tudo que é informado pelos sentidos é mudado em uma experiência de consciência, em um fenômeno que consiste em se estar consciente de algo. Assim, coisas, imagens, fantasias, atos, relações, pensamentos, eventos, memórias e sentimentos constituem experiências de consciência. Fazer essa redução, entretanto, não significa duvidar da existência do mundo, mas fixar-se no modo como o conhecimento do mundo acontece, na visão do mundo que o indivíduo tem.

A redução eidética (do grego *eidos* = ideia ou essência), por sua vez, consiste na redução do objeto da percepção à ideia, o que significa a abstração da existência, de tudo o que é acidental, para permitir a intuição das essências. Consiste na sua análise para encontrar o seu verdadeiro significado. Isso porque tudo o que as pessoas têm em sua mente decorre de informações proporcionadas pelos sentidos. Por essa influência dos sentidos existem várias imagens possíveis de um mesmo objeto, embora todas significando a mesma coisa, constituindo a sua essência. A essência é o algo idêntico que continuamente se mantém durante o processo de variação e que Husserl chamou de invariante. Por exemplo, uma mesa pode ser alta, baixa, quadrada, redonda, pode ser vista de cima ou de baixo. Mas haverá sempre componentes básicos – invariantes que estão em todas as mesas – que lhe garantem o significado de mesa.

4.12 Que é pesquisa etnográfica?

A pesquisa etnográfica – que também é uma pesquisa qualitativa – tem origem na Antropologia, sendo utilizada tradicionalmente para a descrição dos elementos de uma cultura específica, tais como comportamentos, crenças e valores, baseada em informações coletadas mediante trabalho de campo. Foi utilizada originariamente para a descrição das sociedades sem escrita. Seu uso, no entanto, foi se difundindo e passou a ser utilizada também no estudo de organizações e sociedades complexas.

Pode-se dizer que a pesquisa etnográfica tem como propósito o estudo das pessoas em seu próprio ambiente mediante a utilização de procedimentos como entrevistas em profundidade e observação participante. É o método por excelência da Antropologia, que, como disciplina holística, volta-se para o estudo das múltiplas manifestações de uma comunidade ao longo do tempo e do espaço.

A pesquisa etnográfica clássica envolve uma detalhada descrição da cultura como um todo. Assim, os pesquisadores – pessoas estranhas à comunidade – tendem a permanecer em campo por longos períodos de tempo. Há relatos de pesquisadores cujo trabalho demandou anos. Como consequência, muitos relatos de pesquisa etnográfica são constituídos por extensas descrições das comunidades em que foram realizadas.

A maioria das pesquisas etnográficas conduzidas contemporaneamente não se voltam para o estudo da cultura como um todo. Embora algumas pesquisas possam ser caracterizadas como estudos de comunidade, a maioria realiza-se no âmbito de unidades menores, como empresas, escolas, hospitais, clubes e parques. E não se valem unicamente das técnicas de entrevista e de observação, mas também da análise de documentos, fotografias e filmagem.

A pesquisa etnográfica apresenta uma série de vantagens em relação a outros delineamentos. Como ela é realizada no próprio local em que ocorre o fenômeno, seus resultados costumam ser mais fidedignos. Como não requer equipamentos especiais para coleta de dados, tende a ser mais econômica. Como o pesquisador apresenta maior nível de participação, torna-se maior a probabilidade de os sujeitos oferecerem respostas mais confiáveis.

Mas a pesquisa etnográfica também apresenta desvantagens. De modo geral, sua realização demanda mais tempo do que outras modalidades de pesquisa, como o levantamento. A pesquisa etnográfica fundamenta-se num pequeno número de casos, não se tornando apropriada para promover generalizações. O pesquisador, por sua vez, precisa participar ativamente de todas as etapas da pesquisa, já que não há como atribuir a outros a tarefa de coleta de dados.

O problema do subjetivismo talvez seja o mais crítico da pesquisa etnográfica. Com efeito, a maioria dos antropólogos considera que essa modalidade de pesquisa não é rigorosamente objetiva. A rigor, a etnografia vincula-se ao paradigma interpretativista, segundo o qual o real não é apreensível, mas é uma construção dos sujeitos que entram em relação com ele. Assim, nessa modalidade de pesquisa procura-se valorizar as relações influenciadas por fatores subjetivos que marcam a construção dos significados que emergem ao longo de seu desenvolvimento.

4.13 Que é *grounded theory*?

A *grounded theory* (teoria fundamentada em dados) tem sua origem nos trabalhos desenvolvidos por Barney Glaser e Anselm Strauss, na década de 1960, com o objetivo de proporcionar uma alternativa ao processo de geração dedutiva de teorias sociais. Esses dois sociólogos consideraram que as grandes teorias, sobretudo no campo da Sociologia, eram muito abstratas e, portanto, difíceis de ser testadas empiricamente. Propuseram, então, um método de pesquisa que facilitasse a explicação da realidade social mediante a construção de teorias indutivas, baseadas na análise sistemática dos dados.

Na *grounded theory*, o pesquisador, mediante procedimentos diversos, reúne um volume de dados referente a determinado fenômeno. Após compará-los, codificá-los e extrair suas regularidades, conclui com teorias que emergiram desse processo de análise. Obtém-se, então, uma teoria fundamentada (*grounded*) nos dados. O propósito do pesquisador não é, pois, o de testar uma teoria, mas de entender uma determinada situação, como e por que os participantes agem dessa maneira e por que essa situação se desenvolve daquele modo.

A teoria que emerge dos dados revela o comportamento das pessoas em situações específicas. Não podem, portanto, ser entendidas como representativas de uma realidade objetiva, externa aos sujeitos. São, a rigor, reconstruções da experiência. O pesquisador, em conjunto com os sujeitos da pesquisa, reconta suas experiências por meio de uma teoria.

Essa teoria tem, portanto, uma amplitude restrita. Não pode ser entendida como um conjunto de proposições ou hipóteses que formam um sistema dedutivo. É uma teoria substantiva, específica para determinado grupo ou situação, que não pode, portanto, conduzir à generalização. Seus resultados não podem ser vistos como uma verdade absoluta, mas como a explicação de uma realidade tornada real pelos sujeitos da pesquisa.

A *grounded theory* – que também é uma modalidade de pesquisa qualitativa – apresenta alguns pontos de semelhança com a fenomenologia, pois enfatiza a subjetividade da realidade construída pelos respondentes. Como a fenomenologia, ela pode ser definida também como uma metodologia interpretativista. Mas distingue-se dela em vários aspectos. Sobretudo porque enquanto a pesquisa fenomenológica fundamenta-se essencialmente na experiência subjetiva dos indivíduos, a *grounded theory* requer a interação com a realidade dos sujeitos e a interpretação dos dados pelo pesquisador.

4.14 Que é pesquisa-ação?

A pesquisa-ação vem emergindo como uma metodologia para intervenção, desenvolvimento e mudança no âmbito de grupos, organizações e comunidades. É uma modalidade de pesquisa que não se ajusta ao modelo clássico de pesquisa científica, cujo propósito é o de proporcionar a aquisição de conhecimentos claros, precisos e objetivos. No entanto, vem sendo amplamente incentivada por agências de desenvolvimento, programas de extensão universitária e organizações comunitárias.

A pesquisa-ação pode ser definida como "um tipo de pesquisa com base empírica que é concebida e realizada em estreita associação com uma ação ou ainda, com a resolução de um problema coletivo, onde todos pesquisadores e participantes estão envolvidos de modo cooperativo e participativo" (THIOLLENT, 1985, p. 14).

O termo *pesquisa-ação* foi cunhado em 1946 por Kurt Lewin, ao desenvolver trabalhos que tinham como propósito a integração de minorias étnicas à sociedade norte-americana. Assim, definiu pesquisa-ação como a pesquisa que não apenas contribui para a produção de livros, mas também conduz à ação social.

A pesquisa-ação tem características situacionais, já que procura diagnosticar um problema específico numa situação específica, com vistas a alcançar algum resultado prático. Diferentemente da pesquisa tradicional, não visa obter enunciados científicos generalizáveis, embora a obtenção de resultados semelhantes em estudos diferentes possa contribuir para algum tipo de generalização.

4.15 Que é pesquisa participante?

Pode-se definir pesquisa participante como uma modalidade de pesquisa que tem como propósito "auxiliar a população envolvida a identificar por si mesma os seus problemas, a realizar a análise crítica destes e a buscar as soluções adequadas" (LE BOTERF, 1984). Trata-se, portanto, de um modelo de pesquisa que difere dos tradicionais porque a população não é considerada passiva e seu planejamento e condução não ficam a cargo de pesquisadores profissionais. A seleção dos problemas a serem estudados não emerge da simples decisão dos pesquisadores, mas da própria população envolvida, que os discute com os especialistas apropriados.

Existem algumas semelhanças entre a pesquisa participante e a pesquisa-ação, pois ambas caracterizam-se pela interação entre os pesquisadores e as pessoas envolvidas nas situações investigadas. A principal diferença está em seu caráter emancipador. Enquanto a pesquisa-ação supõe alguma forma de ação, que pode ser de caráter social, técnico ou educativo, a pesquisa participante tem como propósito fundamental a emancipação das pessoas ou das comunidades que a realizam.

Essas diferenças têm muito a ver com a origem das duas modalidades de pesquisa. Enquanto a pesquisa-ação iniciou-se nos Estados Unidos no período que se seguiu à Segunda Guerra Mundial, com propósitos de integração social, a pesquisa participante surgiu na América Latina como meio para alcançar a articulação de grupos marginalizados. Seus criadores foram pessoas que participavam de programas educacionais voltados para trabalhadores rurais e sua estratégia consistia em fomentar o processo de formação de consciência crítica das comunidades para sua inserção em processos políticos de mudança.

As origens da pesquisa participante estão na ação educativa. Sua principal influência encontra-se nos trabalhos de Paulo Freire (1981) relativos à educação popular. Seu método de alfabetização a partir da leitura do alfabetizando de seu próprio contexto sócio-histórico é que proporcionou as bases da pesquisa participante. Mas também tem uma vertente sociológica, inaugurada por Orlando Fals Borda (1982). Seus trabalhos indicam um compromisso com as lutas populares contra o imperialismo e o neocolonialismo e propõem uma divisão entre a ciência dominante, que privilegiaria a manutenção do sistema vigente, e a ciência popular. A primeira corresponderia a atividades que privilegiam a manutenção do sistema vigente e a segunda seria construída pelo envolvimento do pesquisador como agente no processo que estuda. Por isso propõe ao pesquisador uma postura de devolução do conhecimento aos grupos que lhe deram origem.

4.16 Que é pesquisa de métodos mistos?

É possível, de maneira bem simplificada, classificar as pesquisas em quantitativas e qualitativas. Nas pesquisas quantitativas, os resultados são apresentados em termos numéricos e, nas qualitativas, mediante descrições verbais. Assim podem ser definidas como pesquisas quantitativas: pesquisa experimental, ensaio clínico, estudo de coorte, estudo caso-controle e levantamento. Podem, por sua vez, ser definidas como qualitativas as pesquisas: estudo de caso, pesquisa narrativa, pesquisa etnográfica, pesquisa fenomenológica, *grounded theory*, pesquisa-ação e pesquisa participante.

As pesquisas qualitativas só passaram a ser reconhecidas como adequadas à pesquisa social a partir da década de 1970. Não, porém, como alternativas à pesquisa quantitativa, mas como procedimentos adequados para produzir resultados que não são alcançados mediante procedimentos quantitativos (STRAUSS; CORBIN, 2008). Assim, passou-se a reconhecer as pesquisas qualitativas como distintas das quantitativas em decorrência, principalmente, da adoção do enfoque interpretativista. Esse enfoque distingue-se do enfoque positivista, tradicionalmente adotado como fundamento das pesquisas quantitativas, que deveriam ser elaboradas mediante a adoção dos mesmos procedimentos adotados nas ciências naturais. Segundo o enfoque interpretativista, o mundo e a sociedade devem ser entendidos segundo a perspectiva daqueles que o vivenciam, o que implica considerar que o objeto de pesquisa é compreendido como sendo construído socialmente. Dessa forma, a pesquisa qualitativa passou a ser reconhecida como importante para o estudo da experiência vivida, dos longos e complexos processos de interação social.

A partir do final da década de 1990, no entanto, passou-se a discutir a possibilidade e a conveniência da realização de pesquisas de métodos mistos, ou seja, de pesquisas que combinam elementos de abordagens de pesquisa qualitativa e quantitativa com o propósito de ampliar e aprofundar o entendimento e a corroboração dos resultados (JOHNSON; ONWUEGBUZIE; TURNER, 2007). Embora haja ainda muita discussão acerca dessa modalidade de pesquisa, pode-se identificar situações em que se justifica sua aplicação: 1) quando uma única fonte de dados (quantitativa ou qualitativa) for insuficiente; 2) quando se percebe a necessidade de explicar os resultados iniciais de uma pesquisa quantitativa ou qualitativa: 3) quando existe uma necessidade de generalizar os achados exploratórios; 4) quando existe a necessidade de aperfeiçoar o estudo com um segundo método; 5) quando existe uma necessidade de empregar melhor uma postura teórica; 6) quando existe uma necessidade de entender um objetivo da pesquisa por meio de múltiplas fases de pesquisa (CRESSWELL; CLARK, 2013).

Creswell e Clark (2013) definem seis diferentes modalidades: sequencial explanatório (coleta e análise de dados quantitativos seguidas pela coleta e análise de dados qualitativos); sequencial exploratório (coleta e análise de dados qualitativos seguidas pela coleta e análise de dados quantitativos); paralelo convergente (coleta e análise tanto de dados quantitativos quanto qualitativos durante a mesma etapa do processo); incorporado (coleta de dados quantitativos e qualitativos em uma única fase, mas com um método predominante); transformativo (utilização de uma estrutura teórica de base transformativa com o propósito de prever as necessidades de populações sub-representadas ou marginalizadas) e multifásico (sequência de estudos quantitativos e qualitativos interconectados). São abordados aqui os três primeiros, que correspondem à maioria das pesquisas que são realizadas sob o título de métodos mistos.

Leituras recomendadas

Para cada modalidade de pesquisa, recomenda-se a leitura das obras citadas ao final dos capítulos seguintes, já que cada um deles se refere um delineamento específico.

Exercícios e trabalhos práticos

1. Considere como os resultados das pesquisas aplicadas podem contribuir para o desenvolvimento das pesquisas básicas e vice-versa.
2. Justifique a afirmação: As pesquisas descritivas buscam fornecer respostas a questões do tipo "o quê?" e "como?", enquanto as pesquisas explicativas buscam fornecer respostas a questões do tipo "por quê?".
3. Qual o delineamento mais adequado para pesquisas que tenham como objetivos:
    a) Descrever a experiência vivida de enfermeiros que atuam em Unidades de Terapia Intensiva?
    b) Descrever as características socioeconômicas da população da cidade de Cruz das Almas?
    c) Verificar a adesão de uma população ao uso de um medicamento ao longo de determinado período de tempo?
    d) Identificar a ideologia subjacente à bibliografia recomendada no âmbito de determinada disciplina de um curso universitário?
    e) Construir uma teoria substantiva acerca da atuação de orientadores educacionais da rede municipal de ensino na cidade de Teresina?
4. Com que dificuldades provavelmente se depararia um pesquisador na realização de uma pesquisa experimentai no campo da Administração?
5. Considere como o subjetivismo pode influenciar os resultados de pesquisas qualitativas, como a fenomenológica e a etnográfica.

5

COMO DELINEAR UMA PESQUISA BIBLIOGRÁFICA?

5.1 Etapas da pesquisa bibliográfica

A pesquisa bibliográfica, como qualquer outra, desenvolve-se ao longo de uma série de etapas. Seu número, assim como seu encadeamento, depende de muitos fatores, tais como a natureza do problema, o nível de conhecimentos que o pesquisador dispõe sobre o assunto, o grau de precisão que se pretende conferir à pesquisa etc. É possível, no entanto, com base na experiência acumulada pelos autores, admitir que a maioria das pesquisas designadas como bibliográficas segue minimamente as seguintes etapas:

a) escolha do tema;
b) levantamento bibliográfico preliminar;
c) formulação do problema;
d) elaboração do plano provisório da pesquisa;
e) identificação das fontes;
f) localização das fontes;
g) obtenção do material de interesse para a pesquisa;
h) leitura do material;
i) tomada de apontamentos;
j) fichamento;
k) construção lógica do trabalho; e
l) redação do relatório.

5.2 Escolha do tema

A pesquisa bibliográfica inicia-se com a escolha de um tema. É uma tarefa considerada fácil, porque qualquer ciência apresenta grande número de temas potenciais para pesquisa. No entanto, a escolha de um tema que de fato possibilite a realização de uma pesquisa bibliográfica requer bastante energia e habilidade do pesquisador.

É muito comum a situação de estudantes que se sentem completamente desorientados ao serem solicitados a escolher o tema de sua monografia de conclusão de curso ou dissertação de mestrado. O papel do orientador nessa etapa é de fundamental importância. Com base em sua experiência, ele é capaz de sugerir temas de pesquisa e indicar leituras que os auxiliem no desenvolvimento dos primeiros passos. Além disso, é capaz de advertir quanto às dificuldades que poderão decorrer da escolha de determinados temas. No entanto, por mais capacitado que seja o orientador, o papel mais importante nessa etapa do trabalho, assim como nas demais, é desempenhado pelo próprio estudante.

Primeiramente, deve-se considerar que a escolha de um tema deve estar relacionada tanto quanto for possível com o interesse do estudante. Muitas das dificuldades que aparecem nesse momento decorrem do fato de não apresentarem interesse pelo aprofundamento em qualquer dos temas com que teve contato ao longo do curso de graduação ou mesmo de pós-graduação. Para escolher adequadamente um tema, é necessário ter refletido sobre diferentes temas. Assim, algumas perguntas poderão auxiliar nessa escolha, tais como: "Quais os campos de sua especialidade que mais lhe interessam?", "Quais os temas que mais o instigam?", "De tudo o que você tem estudado, o que lhe dá mais vontade de se aprofundar e pesquisar?".

Não basta, no entanto, o interesse pelo assunto. É necessário dispor de bons conhecimentos na área de estudo para que as etapas posteriores da monografia ou dissertação possam ser adequadamente desenvolvidas. Quem conhece pouco dificilmente faz escolhas adequadas. Isso significa que o aluno só poderá escolher um tema a respeito do qual já leu ou estudou.

Cabe lembrar, ainda, que muitas pesquisas bibliográficas são, a rigor, revisões de literatura, que constituem etapa do processo de planejamento, mas que podem ser consideradas pesquisas bibliográficas incorporadas a pesquisas mais amplas. Assim, o processo de condução dessas revisões assemelha-se ao das pesquisas bibliográficas.

5.3 Levantamento bibliográfico preliminar

A escolha do tema constitui importante passo na elaboração de uma pesquisa bibliográfica. Isso não significa, porém, que o pesquisador de posse de um tema já esteja em condições de formular seu problema de pesquisa. Como foi visto no capítulo anterior, esse processo nem sempre se mostra muito simples, requerendo para sua efetivação a realização de um levantamento bibliográfico preliminar para facilitar a formulação do problema. Esse levantamento pode ser um estudo exploratório, posto que tem a finalidade de proporcionar a familiaridade do pesquisador com a área de

Como delinear uma pesquisa bibliográfica?

estudo na qual está interessado, bem como sua delimitação. Essa familiaridade é essencial para que o problema seja formulado de maneira clara e precisa.

O tema de pesquisa tende a ser formulado de maneira ampla, não favorecendo, portanto, a definição de um problema em condições de ser pesquisado. O levantamento bibliográfico preliminar é que irá possibilitar que a área de estudo seja delimitada e que o problema possa finalmente ser definido. O que geralmente ocorre é que, ao longo dessa fase, o estudante acaba selecionando uma subárea de estudo que, por ser bem mais restrita, irá possibilitar uma visão mais clara do tema de sua pesquisa e, consequentemente, o aprimoramento do problema de pesquisa. Pode ocorrer, também, que esse levantamento bibliográfico venha a determinar uma mudança nos propósitos iniciais da pesquisa, pois o contato com o material já produzido sobre o assunto poderá deixar claro para o pesquisador as dificuldades para tratá-lo adequadamente.

5.4 Formulação do problema

Espera-se que, ao final do levantamento bibliográfico preliminar, o pesquisador tenha se familiarizado com o tema. Estará, então, em condições de formular o problema de maneira clara, precisa e suficientemente delimitada. O que não significa, no entanto, que esse problema seja mantido. Pode ocorrer que uma revisão posterior da literatura ou discussão com outros pesquisadores contribua para identificar controvérsias entre autores ou novas abordagens para o estudo do fenômeno. Nesse caso, cabe ao pesquisador reformular o problema, antes de partir para a elaboração de seu plano de trabalho.

Já foi ressaltado que não existem regras claras que possam ser aplicadas invariavelmente no processo de formulação do problema. Algumas perguntas, no entanto, poderão ser úteis para avaliar em que medida o problema proposto está em condições de ser investigado mediante pesquisa bibliográfica:

- O tema é de interesse do pesquisador?
- O problema apresenta relevância teórica e prática?
- A qualificação do pesquisador é adequada para seu tratamento?
- Existe material bibliográfico suficiente e disponível para seu equacionamento e solução?
- O problema foi formulado de maneira clara, precisa e objetiva?
- O pesquisador dispõe de tempo e outras condições de trabalho necessárias ao desenvolvimento da pesquisa?

Para que o pesquisador possa constatar se dispõe realmente de um problema, sugere-se que este seja colocado sob a forma de pergunta. Por exemplo, o tema trabalho feminino pode ensejar múltiplos problemas de pesquisa. Mas poderá ser colocado em termos de um problema a ser solucionado, à medida que se indague: *Quais as barreiras sociais com que depararam mulheres brasileiras para ascender a funções gerenciais no setor bancário?* Tem-se, portanto, um problema apresentado sob a forma de pergunta. Sua solução, porém, irá depender da existência de material suficiente para fornecer as informações requeridas.

5.5 Elaboração do plano provisório da pesquisa

Após a formulação do problema e de sua delimitação, o passo seguinte consiste na elaboração de um plano que define a estrutura lógica do trabalho mediante a apresentação ordenada de suas partes. Não é possível elaborar logo de início um plano definitivo. Assim, recomenda-se partir de um plano que pode ser considerado provisório, mas que seja tão completo quanto permitirem os conhecimentos acumulados nesse momento. Esse plano, que provavelmente passará por reformulações ao longo do processo de pesquisa, geralmente se apresenta como um conjunto de seções ordenadas em itens. Por exemplo, uma pesquisa que tenha como objetivo analisar a profissão de administrador de empresas no Brasil poderia se nortear pelo seguinte plano:

1. A profissão de administrador de empresas
    1.1 Características da profissão
    1.2 Requisitos pessoais e técnicos para o exercício da profissão
    1.3 Formação profissional do administrador de empresas
    1.4 Regulamentação da profissão
2. Áreas de atuação do administrador de empresas
    2.1 No setor público
    2.2 Em empresas industriais
    2.3 No comércio
    2.4 Em bancos
    2.5 No magistério
    2.6 Em atividades de consultoria
3. A remuneração do administrador de empresas
    3.1 Formas de remuneração
    3.2 Níveis de remuneração
4. Perspectivas de trabalho do administrador de empresas
    4.1 Alterações estruturais no mercado de trabalho
    4.2 Interfaces do administrador de empresas com outros profissionais
    4.3 O papel do administrador num "mundo sem empregos"

5.6 Identificação das fontes

Após a elaboração do plano de trabalho, o passo seguinte consiste na identificação das fontes capazes de fornecer as respostas adequadas à solução do problema proposto.

Parte dessa tarefa já foi desenvolvida na revisão bibliográfica preliminar, que só difere desta etapa por não ser considerada definitiva.

Para identificar as fontes bibliográficas adequadas ao desenvolvimento da pesquisa, a contribuição do orientador é fundamental. Recomenda-se também a consulta a especialistas ou pessoas que já realizaram pesquisas na mesma área. Essas pessoas podem fornecer não apenas informações sobre o que já foi publicado, mas também apreciação crítica do material a ser consultado.

As fontes bibliográficas mais conhecidas são os livros de leitura corrente, que podem se apresentar no formato impresso ou como *e-books*. Mas existem muitas outras fontes de interesse para a pesquisa bibliográfica, tais como: obras de referência, teses e dissertações, periódicos científicos, anais de encontros científicos e periódicos de indexação e de resumo, apresentados com frequência cada vez maior sob a forma impressa.

5.6.1 Livros de leitura corrente

Esses livros abrangem tanto as obras referentes aos diversos gêneros literários, tais como o romance, a poesia e o teatro, quanto as obras de divulgação, isto é, as que objetivam proporcionar conhecimentos científicos e técnicos. Estas últimas são as que mais interessam à pesquisa bibliográfica. Mas obras literárias também podem ser muito importantes. Uma pesquisa referente à obra de determinado autor se fundamentará, naturalmente, em obras dessa natureza. Mas pesquisas de cunho sociológico, histórico ou antropológico também poderão valer-se de livros dessa natureza. Por exemplo, alguns dos livros escritos por Jorge Amado poderão interessar a um pesquisador interessado no estudo do ciclo econômico do cacau.

As obras de divulgação podem ser classificadas em obras científicas ou técnicas e em obras de vulgarização. Nas primeiras, a intenção do autor é comunicar a especialistas de maneira sistemática assuntos relacionados a determinado campo do conhecimento científico ou apresentar o resultado de pesquisas. Já nas obras de vulgarização, o autor dirige-se a um público não especializado, utilizando linguagem comum. As obras didáticas podem ser consideradas de divulgação, já que objetivam transmitir de forma clara e concisa as informações científicas, evitando detalhes especializados.

Nos trabalhos de pesquisa, dá-se preferência às obras científicas, evitando-se as de vulgarização. Isso não significa, porém, que compêndios, tratados e livros de introdução a determinada disciplina devam ser sumariamente descartados.

5.6.2 Obras de referência

São obras destinadas ao uso pontual e recorrente, ao contrário de outras, que são destinadas a serem lidas do princípio ao fim. Exemplo típico dessa modalidade é o dicionário de língua, que ninguém lê do começo ao fim, mas a que se recorre para obter o significado de palavra específica. Nas pesquisas científicas, são de grande valor os dicionários temáticos, que incluem termos dificilmente encontrados nos dicionários de língua e que proporcionam informações mais completas em relação ao significado do termo na especialidade.

Outra modalidade é constituída pelas enciclopédias, que podem ser gerais ou especializadas. As primeiras podem ser consideradas adequadas apenas para trabalhos escolares. Já as especializadas podem ser de grande valor para uma pesquisa científica, pois seu âmbito é claramente definido: psicologia, direito, finanças, por exemplo. Além disso, o nível de tratamento dado ao assunto costuma ser altamente técnico, já que os verbetes são escritos por especialistas que geralmente os assinam.

Também são consideradas obras de referência os manuais, que são obras compactas de caráter prático. É nas áreas tecnológicas que essas obras aparecem em maior número, embora também sejam encontradas em outras áreas do conhecimento. Grande parte da informação contida nos manuais é apresentada por meio de tabelas, gráficos, símbolos, equações ou fórmulas. Cabe considerar, contudo, que os manuais incluem os conhecimentos já sedimentados, não constituindo, portanto, fontes das mais adequadas para informações referentes a avanços ou progressos recentes.

5.6.3 Periódicos científicos

Os periódicos constituem o meio mais importante para a comunicação científica. Graças a eles é que se torna possível a comunicação formal dos resultados de pesquisas originais e a manutenção do padrão de qualidade na investigação científica. A maioria dos periódicos atualmente é disponibilizada em meio eletrônico, o que facilita sua consulta.

5.6.4 Teses e dissertações

Fontes dessa natureza podem ser muito importantes para a pesquisa, pois muitas teses e dissertações são constituídas por relatórios de investigações científicas originais ou acuradas revisões bibliográficas. Seu valor depende, no entanto, da qualidade dos cursos das instituições onde são produzidas e da competência do orientador. Requer-se, portanto, muito cuidado na seleção dessas fontes.

5.6.5 Anais de encontros científicos

Os encontros científicos, tais como congressos, simpósios, seminários e fóruns, constituem locais privilegiados para apresentação de comunicações científicas. Seus resultados são publicados geralmente na forma de anais, disponibilizados eletronicamente, que reúnem o conjunto dos trabalhos apresentados e as palestras e conferências ocorridas durante o evento.

5.6.6 Periódicos de indexação e resumo

Essas obras listam os trabalhos produzidos em determinada área do conhecimento com a finalidade de facilitar a identificação e o acesso à informação que se encontra dispersa em grande número de publicações. Constituem instrumentos valiosos para os pesquisadores que têm necessidade de obter informações acerca da produção científica mais recente. Esses periódicos são chamados abreviadamente de *índices*, quando listam apenas as referências bibliográficas, e de *abstracts*, quando incluem seus resumos das publicações. A maioria desses periódicos é veiculada eletronicamente, por meio das bases de dados, algumas das quais contêm não apenas as referências e os resumos, mas também o texto completo dos trabalhos.

Alguns dos principais periódicos internacionais de indexação e de resumos vêm apresentados a seguir:

Agricultura: *Agrindex, Bibliography of agriculture.*

Biologia: *Biological abstracts, BIOSIS Previews.*

Ciências ambientais: *Pollution abstracts, Enviroline.*

Ciências da computação: *Computer & control abstract.*

Ciências espaciais: *Aerospace database.*

Economia e Administração: *Economic literature index, Business periodical index e ABI/inform.*

Educação: *Education abstracts.*

Energia: *Energia, ciência e tecnologia, INIS Atomindex.*

Filosofia: *Philosopher's index.*

Medicina: *Excerpta medica.*

Psicologia: *PsicINFO, Psychological abstracts.*

Química: *Chemical abstracts.*

Sociologia: *Sociological abstracts.*

5.7 Localização das fontes

Tradicionalmente, o local privilegiado para a localização das fontes bibliográficas tem sido a biblioteca física. Nela, o pesquisador consulta seu catálogo, que possibilita a localização das fontes por autor, título ou assunto. Essa consulta é eficaz quando se trata da localização de livros. O mesmo não acontece em relação aos periódicos, cujos artigos, de modo geral, não são catalogados. Conhecendo-se, porém, os periódicos potencialmente interessantes em relação ao assunto, convém proceder-se a sua consulta de forma retrospectiva, isto é, partindo dos mais recentes para os mais antigos.

As bibliotecas mais adequadas para pesquisa são aquelas em que o consulente tem acesso direto às estantes. Como o acervo é classificado de acordo com um sistema, fica fácil localizar as obras que tratam de determinado assunto. Desses sistemas, o mais utilizado nas bibliotecas brasileiras é o Sistema de Classificação Decimal de Dewey, que agrupa as várias áreas do conhecimento em dez classes, cada uma subdividida em outras dez, e assim subsequentemente.

Em virtude, porém, da ampla disseminação de materiais em formato eletrônico, a localização de fontes bibliográficas vem sendo feita, principalmente, por intermédio das bases de dados, que são coleções eletrônicas que armazenam grandes quantidades de informação. São organizadas de forma a possibilitar a consulta rápida não apenas a artigos publicados em periódicos, mas também relatórios de pesquisa, teses, livros e muitas outras fontes. Algumas dessas bases disponibilizam o texto completo dos artigos e outras indicam a existência do artigo com as informações necessárias para acessar o texto completo.

Com vistas a facilitar o trabalho de pesquisa bibliográfica, foram também constituídos portais de periódicos, que reúnem muitas bases de dados. Dessa forma, torna-se possível pesquisar o conteúdo de diversas bases em um único lugar.

Algumas dessas bases são de livre acesso. Outras podem ser acessadas somente a partir de terminais ligados à internet localizados em instituições de ensino. Também há materiais que, em virtude de contratos comerciais, só podem ser fornecidos mediante pagamento.

Algumas das principais bases de livre acesso são:

1. *Biblioteca Digital Brasileira de Teses e Dissertações* – BDTD. Projeto coordenado pelo Instituto Brasileiro de Informação em Ciência e Tecnologia (IBICT) que integra e dissemina textos completos das teses e dissertações defendidas nas instituições brasileiras de ensino e pesquisa. O acesso a essa produção científica é livre de quaisquer custos.
2. *Biblioteca Nacional Digital*. Seu acervo é composto por obras em domínio público, abrangendo um período que vai do século XV ao início do século XX. É composto por documentos cartográficos, iconográficos, manuscritos, bibliográficos, periódicos e sonoros. Todo esse material é de livre consulta no *site*.
3. *Google Acadêmico*. Possibilita a pesquisa nas literaturas nacional e internacional publicadas nos mais variados formatos, tais como: teses, livros, artigos de periódicos, arquivos de pré-publicações, trabalhos completos e resumos apresentados em reuniões científicas.
4. *Portal de Periódicos da CAPES*. É uma biblioteca virtual que reúne e disponibiliza a instituições de ensino e pesquisa no Brasil o melhor da produção científica, textos completos de livros, periódicos, enciclopédias e obras de referência, normas técnicas, estatísticas e conteúdo audiovisual. Alguns periódicos somente podem ser acessados por meio dos computadores com acesso a instituições de ensino autorizadas.
5. *Portal Domínio Público*. Disponibiliza acesso ao texto completo das obras literárias, artísticas e científicas de domínio público ou que tenham sua divulgação devidamente autorizada, que constituem o patrimônio cultural brasileiro e universal.
6. *Scientific Electronic Library Online* – SciELO. É uma biblioteca eletrônica que abrange uma coleção selecionada de periódicos científicos brasileiros nas mais variadas áreas do conhecimento.

5.8 Obtenção do material de interesse para a pesquisa

Quando a pesquisa ocorre em bibliotecas convencionais, a obtenção do material requerido é feita após a localização das fontes. Quando as fontes são constituídas por livros, estes podem ser obtidos por empréstimo. Já quando se referem a artigos publicados em periódicos, só podem ser consultadas no local ou disponibilizados mediante cópias xerográficas.

Cabe considerar que, com vistas a garantir direitos autorais, a reprodução de livros é proibida. Assim, a maioria das bibliotecas autoriza cópias de apenas um capítulo da obra ou de até 10% do total de páginas. Já os artigos de periódicos podem ser copiados, assim como as teses e as dissertações, exceto quando no exemplar houver declaração expressa do autor impedindo sua cópia.

Quando houver interesse na consulta a livros que não estão disponíveis na biblioteca, é possível acessá-lo pelo Programa de Comutação Bibliográfica (COMUT), que possibilita a uma biblioteca solicitar um livro (ou outro material) a outra biblioteca do país. É um serviço disponibilizado exclusivamente para fins acadêmicos e de pesquisa, e que respeita rigorosamente os direitos autorais. É pago, mas seus custos são baixos.

Quando a pesquisa é feita em bases de dados, segue-se um processo que pode ser definido em etapas:

1. *Determinação das palavras-chave ou descritores.* A busca inicia-se com a identificação dos principais termos do tema ou problema de pesquisa. Seja, por exemplo, uma pesquisa que tenha como problema: Qual a influência do nível de capacitação profissional no comprometimento organizacional? Somente farão parte da estratégia de busca os termos "capacitação profissional" e "comprometimento organizacional". Esses termos constituem as palavras-chave ou descritores. Palavras-chave são constituídas por um termo simples ou uma expressão composta escolhida pelo próprio pesquisador para esclarecer o assunto que é objeto da pesquisa. Descritores são termos padronizados, definidos por especialistas e utilizados para identificar assuntos publicados em artigos científicos. O descritor confere maior especificidade à busca realizada. Em algumas áreas, como a da saúde, utilizam-se vocabulários estruturados para ajudar na procura da informação, como o que é apresentado no *site* dos Descritores em Ciências da Saúde (DeCS) (http//decs.bvs.br/).

Para evitar que os descritores ou palavras-chave conduzam a um número muito grande de resultados, recomenda-se a utilização dos operadores booleanos, que são palavras utilizadas para definir como deve ser feita a combinação entre os termos ou as expressões de uma busca. A busca booleana compreende três operadores lógicos: AND, OR e AND NOT. O operador **AND** (intersecção) recupera artigos cujos títulos ou temas contenham todas as palavras ou termos da pesquisa. Por exemplo, uma busca referente a "renda" AND "escolaridade" recuperará apenas artigos que possuam as duas palavras. Artigos que tratam apenas de "renda" ou de "escolaridade" não aparecerão na busca. É muito utilizado nas buscas porque facilita a identificação de assuntos específicos em áreas muito amplas. O operador **OR** recupera artigos que possuam qualquer dos termos pesquisados, tanto sozinhos quanto em conjunto. Assim, uma busca referente a "renda" OR "escolaridade" recuperará todos os artigos que tratem de renda ou escolaridade. O operador **NOT** equivale a uma subtração. Quando é utilizado, são recuperados artigos que tratem de um conceito, mas não do outro. Logo, uma busca referente a "renda" NOT "escolaridade" recuperará todos os artigos sobre "renda" que não tratam de escolaridade.

2. *Acesso ao* site *da base de dados*. Tendo como base o tema ou problema de pesquisa, selecionam-se as bases adequadas, mediante a utilização de um terminal de computador com acesso à internet. A escolha das bases ou dos portais irá depender tanto da natureza do tema quanto das condições de acesso. É importante considerar que, na maioria das bases internacionais de dados, utiliza-se predominantemente o idioma inglês. Assim, buscas nesses *sites* utilizando termos em português provavelmente oferecerão poucos resultados.

3. *Identificação e seleção dos artigos*. No campo apropriado do *site* da base de dados, digitam-se as palavras-chave e clica-se no ícone referente à pesquisa. Serão, então, exibidos todos os trabalhos encontrados nessa base. Provavelmente, aparecerão muitos trabalhos que não estarão diretamente relacionados ao tema da pesquisa. Torna-se necessário, então, proceder à seleção dos estudos de interesse. Essa tarefa poderá ser longa, pois irá requerer a leitura dos títulos de todos os artigos. Para os títulos que parecerem interessantes, recomenda-se acessar o respectivo resumo. Se este, por sua vez, parecer interessante, cabe, então, procurar pelo artigo completo. Como geralmente são muitos os trabalhos, poderá ser conveniente refinar a busca, acrescentando mais descritores.

4. *Recuperação dos artigos*. Após a seleção dos artigos de interesse, estes deverão ser salvos em arquivos apropriados. Convêm, pois, estabelecer um sistema de organização desses arquivos com base no plano provisório, que já está organizado em seções (primárias, secundárias etc.). Pode ser que um ou outro artigo, em virtude de sua importância, mereça ser impresso. Mas convêm que a quantidade de material impresso seja reduzido, não apenas para diminuir os custos, mas para evitar o acúmulo de material desnecessário. Também é necessário, nessa etapa, copiar a referência bibliográfica completa de cada artigo para ser inserido no fichamento das obras consultadas. Essa tarefa é facilitada com a utilização de gerenciadores de referência, que são *softwares* que permitem o armazenamento, o gerenciamento e a utilização de referências em trabalhos acadêmicos e científicos em diferentes estilos, como ABNT, Vancouver e APA. Esses gerenciadores possibilitam buscar as informações de determinada obra para citar enquanto se escreve, bem como para elaborar a listagem de referências no final do trabalho. Entre os gerenciadores mais conhecidos, estão: Mendeley, Zotero e EndNote Web, disponibilizados gratuitamente.

5.9 Leitura do material

De posse do material bibliográfico, passa-se à sua leitura. Convêm ressaltar, porém, que a leitura de textos científicos difere muito da leitura de obras de ficção e mesmo de livros didáticos, em que geralmente se lê um capítulo do início ao fim. O que se pretende com a leitura desses textos é identificar as informações relevantes para a pesquisa, analisar a consistência dos resultados apresentados por seus autores e relacioná-los com o problema da pesquisa. Isso significa que a maioria dos textos não será lida integralmente e que muitos deles poderão ser lidos mais de uma vez, com diferentes ênfases.

Para que a leitura seja eficaz, é necessário primeiramente ter muita clareza acerca do que se pretende com a leitura de cada texto. Pode ser que o interesse seja apenas o de identificar a existência de trabalhos publicados a respeito do tema, mas pode ser o de analisar a consistência e a profundidade dos resultados obtidos. Também pode ser o de verificar os procedimentos metodológicos adotados na pesquisa. Assim, antes de proceder à leitura dos textos, é preciso ter bastante clareza acerca dos objetivos pretendidos com a leitura. é necessário ter objetivos bem claros.

A rigor, uma primeira leitura dos textos já é feita no momento em que se selecionam os artigos, a partir da leitura do título e do resumo, que possibilita identificar seu objetivo, os métodos utilizados e os resultados alcançados. Essa leitura preliminar, que é de caráter exploratório, de modo geral, é suficiente para descartar a maioria dos artigos – não em virtude de sua qualidade, mas de sua importância para a pesquisa que se pretende realizar.

No entanto, torna-se necessário proceder a outra modalidade de leitura, que embora mais aprofundada que a preliminar, tem um caráter seletivo. Seu propósito é o de verificar o quanto o artigo é relevante para a pesquisa. Procede-se, para tanto, a: 1. identificação dos autores, de sua vinculação profissional e do periódico em que foi publicado; 2. leitura atenta do título, do resumo e da introdução; 3. leitura dos títulos e dos subtítulos de suas seções; 4. exame dos gráficos e das tabelas, quando houver; 5. leitura das conclusões; e 6. verificação da extensão, da atualidade e da qualidade das referências.

Após a conclusão dessa leitura, será possível identificar: 1. a natureza do estudo; 2. outros artigos com que se relaciona; 3. as bases teóricas utilizadas para analisar o problema; 4. a validade de suas premissas; 5. a clareza da redação; e 6. as principais contribuições do artigo (KESHAV, 2016). De posse dessas informações, torna-se possível decidir se a leitura deverá ser interrompida ou não. Poderá ser interrompida se o artigo não for reconhecido como relevante para os propósitos da pesquisa que está sendo realizada. Ou se tem importância reduzida a ponto de as informações obtidas se mostrarem suficientes para determinar o alcance de sua contribuição. Isso porque há artigos em que fica claro já nessa leitura seletiva que sua importância se restringe à identificação de alguns poucos aspectos, como a modalidade de pesquisa, os métodos empregados ou seus principais resultados – o que não significa necessariamente que o artigo não tenha qualidade.

Os artigos reconhecidos como mais importantes requerem leitura com mais extensão e profundidade. Requer-se, portanto, uma seleção apurada para que não sejam em grande número. Contudo, a vantagem dos artigos científicos é, de modo geral, que estes contêm os mesmos elementos básicos para que o leitor possa analisá-los com facilidade. Cada um deles apresenta os seguintes elementos:

a) *Título*. Indica o conteúdo do artigo. Como é o primeiro elemento a ser identificado, sua leitura é feita no primeiro acesso à informação.

b) *Resumo*. É constituído por um parágrafo que, de modo geral, não excede 500 palavras e apresenta de forma resumida o conteúdo das várias seções do artigo. Como é utilizado para proporcionar uma visão geral do artigo, ajudando a decidir acerca de sua relevância para a pesquisa, costuma ser analisado já nas leituras preliminares.

c) *Introdução*. Uma análise superficial dessa seção também costuma ser feita nas leituras preliminares. Mas requer maior dedicação na leitura definitiva, porque é o momento em que o autor do artigo não apenas apresenta o problema de pesquisa, mas procede à sua contextualização, especificação, delimitação e justificativa. Nas pesquisas redigidas segundo o modelo mais clássico – que é adotado principalmente na área de ciências da saúde –, abrange também a fundamentação teórica, que em muitas pesquisas é relatada em seção específica, habitualmente designada como revisão da literatura.

d) *Revisão da literatura*. Sua leitura é importante porque esclarece acerca da orientação geral da pesquisa, do paradigma adotado, do referencial conceitual e das teorias que fornecem sustentação a seus pressupostos básicos. Também é importante porque esclarece acerca do estágio atual da investigação acerca do tema.

e) *Materiais e métodos*. Esta seção fornece os detalhes técnicos acerca de como a pesquisa foi realizada, incluindo tipo de pesquisa, critérios adotados na seleção da amostra, procedimentos de coleta de dados, controles adotados e métodos de análise dos dados. Sua leitura é importante para entender o que, de fato, os autores fizeram e para avaliar a qualidade dos resultados, já que estes dependem da forma como os dados foram coletados e analisados.

f) *Resultados*. É o cerne do artigo, já que contêm a apresentação e a análise dos dados. Quando se refere a pesquisas como experimentos e levantamento de campo, a maioria dos dados é apresentado em tabelas e gráficos, que precisam ser analisados atentamente. A leitura dessa seção é importante, pois indica o que os seus autores descobriram e em que medida os dados obtidos poderão ser utilizados para fins de comparação com as descobertas que irão ocorrer na pesquisa a ser desenvolvida pelo leitor do artigo. Também é importante porque possibilita entender se os procedimentos metodológicos adotados foram adequados. É importante, ainda, porque fornece ideias acerca da maneira de representar dados semelhantes na pesquisa a ser realizada.

g) *Discussão*. Essa é a seção em que os autores indicam as conclusões sobre os resultados obtidos. Sua leitura é importante porque estabelece comparações entre os resultados obtidos com resultados de outros estudos e indica novas hipóteses para explicar o conhecimento na área. Como geralmente essa seção inclui sugestões e recomendações para os futuros pesquisadores, sua leitura pode ser reconhecida como uma troca de ideias entre cientistas.

h) *Referências*. Como essa seção indica os trabalhos que foram consultados, incluindo livros, relatos de pesquisa e outras fontes relevantes, possibilita avaliar sua atualidade, extensão e profundidade. Também se mostra muito útil para ampliar a revisão da literatura que está sendo feita.

5.10 Tomada de apontamentos

Um dos grandes problemas concernentes à leitura refere-se à sua retenção, visto que apenas parte do que se lê fica retida na memória. Por essa razão, convém destacar os pontos importantes e fazer anotações. A tomada de apontamentos ajuda a focar no trabalho e resumir o que é importante em relação aos objetivos da pesquisa. Não é conveniente acumular grande número de anotações; apenas as ideias principais e os dados potencialmente importantes devem ser anotados. As formas de ligação entre as ideias podem ser deixadas de lado, exceto quando essas formas de ligação são importantes para situar as ideias num contexto mais geral.

A tomada de apontamentos fica simplificada com a utilização de programas como Evernote e OneNote. Esses programas funcionam como um caderno digital em que se pode registrar, organizar e resgatar as informações de forma estruturada. Esses programas possibilitam registrar ideias que surgem durante a leitura, elaborar tabelas, gravar notas de áudio, imagens, arquivos de texto, páginas da *web* etc.

5.11 Fichamento

É frequente a situação em que o pesquisador parte das anotações para a redação do trabalho, mas é altamente recomendável proceder ao fichamento. Esse procedimento, quando bem conduzido, reverte-se em ganho de tempo e qualidade. A confecção de fichas evita problemas muito comuns, como o esquecimento de referências bibliográficas ou da autoria de uma citação importante, ou a indisponibilidade da informação contida num livro ou periódico obtido por empréstimo. Assim, convém estabelecer um sistema de fichamento com a finalidade de:

a) identificação das obras consultadas;

b) anotação das ideias que surgiram durante a leitura;

c) registro dos conteúdos relevantes das obras consultadas;

d) registro dos comentários acerca das obras;

e) organização das informações para a organização lógica do trabalho.

Como o fichamento serve a diferentes finalidades, podem ser identificadas diversas modalidades de fichas, tais como: fichas bibliográficas, fichas de resumo, fichas de resenha, fichas de sumário, fichas de citação etc. Para fins de pesquisa, recomenda-se a utilização de uma ficha especial de apontamentos que incorpora elementos de outras fichas.

As fichas podem ser confeccionadas em folhas de cartolina pautada, que são organizadas em fichários. Mas é preferível elaborá-las com o auxílio de programas de computador, como Mendeley e Zotero, em que são abertas pastas referentes aos assuntos da pesquisa e, dentro delas, criados arquivos que correspondem às fichas. Além de possibilitar a organização das informações, a utilização desses programas irá facilitar na redação do relatório, com a abertura dos artigos e a cópia das anotações.

Para que sejam funcionais, essas fichas devem apresentar três campos: cabeçalho, referência e texto (Figura 5.1).

O cabeçalho refere-se ao assunto que está sendo estudado. Quando se dispõe de um plano de trabalho bem detalhado, essa tarefa fica muito simplificada. O plano de pesquisa apresenta-se sob a forma de seções, que, por sua vez, são subdivididas em seções secundárias ou terciárias. Considere-se, por exemplo, uma pesquisa referente ao significado sociológico do carnaval. Uma de suas seções poderia referir-se às escolas de samba. Essa seção, que no plano seria a terceira, apresentaria as subdivisões:

3 As escolas de samba

   3.1 Evolução histórica das escolas de samba

   3.2 Organização e estrutura das escolas de samba

   3.3 O significado cultural das escolas de samba

Considere-se, agora, que um dos textos consultados trate dos setores de produção das oficinas de escola de samba. O assunto estaria referindo-se ao tópico 3.2. Assim, essa ficha teria como cabeçalho o título da seção.

A referência, que corresponde ao segundo campo, deve possibilitar a identificação dos elementos bibliográficos do texto. Deve ser elaborada segundo as normas definidas pela Associação Brasileira de Normas Técnicas (ABNT).

O terceiro campo refere-se aos apontamentos, que podem ser constituídos por citações, esquemas, resumos ou comentários acerca do texto. Quando forem transcritas citações *ipis litteris*, é necessário que estas sejam colocadas entre aspas e incluam até mesmo erros de grafia, se houver.

3.2 Organização e estrutura das escolas de samba

VERGARA, Sylvia Constant; MORAES, Cintia de Melo; PALMEIRA, Pedro Lins. A cultura brasileira revelada no barracão de uma escola de samba: o caso da Família Imperatriz. *In*: MOTTA, Fernando C. Prestes; CALDAS, Miguel P. *Cultura organizacional e cultura brasileira*. São Paulo: Atlas, 1997.

Setores da escola: ferragem, carpintaria, adereços, fantasias, chapelaria, escultura, almoxarifado e cozinha.

Encargos da administradora do barracão: controlar o ponto, manter registros de ocorrência, efetuar o pagamento dos funcionários, elaborar o cardápio.

"O barracão é a oficina do samba. É a fábrica dos sonhos, onde algumas toneladas de ferro, tecidos, madeira, isopor e uma infinidade de adereços distintos transformam-se pouco a pouco, sob a batuta de um carnavalesco, em gigantescos carros alegóricos e centenas de fantasias" (p. 241).

Figura 5.1 Ficha de apontamentos.

5.12 Construção lógica do trabalho

É comum pensar-se que, logo após o fichamento do material compulsado, parte-se para a redação do relatório. Todavia, entre essas duas etapas situa-se a construção lógica do trabalho, que consiste na organização das ideias com vista a atender aos objetivos da pesquisa. Assim, cabe nessa etapa estruturar logicamente o trabalho para que ele possa ser entendido como unidade dotada de sentido. Embora de certa forma essa tarefa já tenha sido desenvolvida na elaboração do plano provisório, é bastante provável que ao longo do desenvolvimento da pesquisa este já tenha sido reformulado e, nessa etapa, mais que em qualquer outra, torne-se necessária sua reformulação para o estabelecimento do plano definitivo.

As fichas de leitura constituem os elementos mais importantes nessa etapa. Daí a importância do fichamento de todo o material reconhecido como importante ao longo do processo de obtenção de dados. Essas fichas precisam estar organizadas em pastas, seções e subseções. É provável que nem todo o material relevante esteja contido nas fichas, mas deverão estar indicados nas fichas correspondentes para que possam ser facilmente resgatados.

5.13 Redação do relatório

A última etapa de uma pesquisa bibliográfica é constituída pela redação do relatório. Não há regras fixas acerca do procedimento a ser adotado nesta etapa, pois depende em boa parte do estilo de seu autor. Há, no entanto, alguns aspectos relativos à estruturação do texto, ao estilo e aos aspectos gráficos que precisam ser considerados e serão abordados no Capítulo 21.

Leituras recomendadas

SEVERINO, Antonio Joaquim. *Metodologia do trabalho científico*. 23. ed. São Paulo: Cortez, 2007.

Obra clássica no campo da Metodologia Científica, esse livro de Antonio Joaquim Severino apresenta em sua última edição as principais diretrizes para a elaboração de uma monografia científica com o auxílio dos recursos fornecidos pela informática.

MEDEIROS, João Bosco. *Redação científica*: a prática de fichamentos, resumos e resenhas. 12. ed. São Paulo: Atlas, 2014.

O autor trata, entre outros assuntos, do uso da biblioteca, das estratégias de leitura, da elaboração de fichamentos e das técnicas de elaboração de resumos.

Site **recomendado**

Disponível em: www.assis.unesp.br/egalhard/Internet.htm. Acesso em: 15 jun. 2009.

O texto esclarece acerca do potencial da internet para a pesquisa. Apresenta de forma prática a utilização dos mecanismos de busca. Indica também as principais bases de dados que podem ser utilizadas em pesquisas.

Exercícios e trabalhos práticos

1. Formule problemas de pesquisa que possam ser investigados com base em fontes bibliográficas.
2. Escolha um dos problemas formulados e elabore um plano de trabalho de pesquisa bibliográfica.
3. Faça uma visita à biblioteca de sua faculdade e, com o auxílio do bibliotecário, identifique o sistema de organização das fichas catalográficas.
4. Escolha um problema de pesquisa e, a seguir, mediante leitura exploratória, selecione alguns livros de interesse potencial para essa investigação.
5. Elabore fichas bibliográficas correspondentes aos livros selecionados.
6. Leia cuidadosamente um livro de interesse para pesquisa científica, procurando atingir o nível de leitura interpretativa. A seguir, elabore uma ficha de apontamentos desse livro.
7. Acesse algumas bases de dados e localize material potencialmente importante para determinado tipo de pesquisa.
8. Selecione uma das áreas do conhecimento definidas pela Classificação Decimal de Dewey. Dirija-se, então, às estantes de uma biblioteca e, com base na numeração, identifique o conjunto de obras referentes a essa área.

6

COMO DELINEAR UMA PESQUISA DOCUMENTAL?

6.1 Etapas da pesquisa documental

A pesquisa documental, como já foi visto, apresenta muitos pontos de semelhança com a pesquisa bibliográfica. Até mesmo porque livros, artigos de periódicos e anais de eventos podem ser considerados como tipos especiais de documentos. Por isso, em muitos casos, as etapas de seu desenvolvimento são praticamente as mesmas, embora haja pesquisas documentais cujo delineamento se aproxima dos delineamentos experimentais. É o caso de pesquisas *ex-post-facto* ("a partir do fato passado"), que são elaboradas com dados disponíveis, mas que são submetidos a tratamento estatístico, envolvendo até mesmo teste de hipóteses. Também há pesquisas documentais que se assemelham a levantamentos, diferindo destes simplesmente pelo fato de terem sido elaboradas com dados disponíveis e não obtidos diretamente das pessoas.

De modo geral, é possível identificar as seguintes etapas na pesquisa documental:

a) formulação do problema e dos objetivos;
b) identificação das fontes;
c) localização das fontes e acesso aos documentos;
d) avaliação dos documentos;
e) seleção e organização das informações;
f) análise e interpretação dos dados;
g) redação do relatório.

6.2 Formulação do problema e dos objetivos

A pesquisa documental, como qualquer outro tipo de pesquisa, inicia-se com a formulação do problema. Cabe considerar, no entanto, que a formulação do problema nas pesquisas bibliográfica e documental pode diferir significativamente. Isso porque muitas das pesquisas bibliográficas são conduzidas como parte de uma pesquisa mais ampla, servindo para o estabelecimento do sistema conceitual ou da fundamentação teórica. Ou seja, visam ao aprimoramento do problema de pesquisa ou à construção de hipóteses. Já as pesquisas documentais têm, de modo geral, o propósito de fornecer respostas a um problema bem mais específico, caracterizando-se como descritivas ou explicativas. Assim, embora a pesquisa documental se assemelhe à pesquisa bibliográfica em relação à natureza dos dados (que são disponíveis), o problema tende a ser formulado de maneira semelhante à observada nos levantamentos de campo e nas pesquisas experimentais. Ou seja, com clareza, especificidade, objetividade e passível de verificação. Mas há muitos desafios a serem enfrentados nessa etapa da pesquisa: 1) determinar o que é mais relevante para investigação; 2) garantir que a informação necessária esteja disponível; e 3) dispor dos recursos necessários, tais como experiência, tempo, materiais etc.

6.3 Identificação das fontes

Como na pesquisa documental os dados requeridos precisam estar disponíveis, uma importante habilidade do pesquisador é a de identificar com razoável probabilidade as presumíveis fontes de informação. Deve ficar claro para o pesquisador que é improvável que uma única fonte possa ser suficiente para o alcance dos objetivos pretendidos. Tendo em vista que, de uma forma bastante ampla, é possível considerar documento qualquer elemento capaz de proporcionar algum tipo de informação, é importante ressaltar que a pesquisa documental se vale essencialmente de fontes primárias, que fornecem informações que ainda não foram objeto de análise, diferentemente da pesquisa bibliográfica, cujas fontes são constituídas por material já elaborado, como livros e artigos científicos.

As fontes de pesquisa documental são bastante numerosas e diversificadas. As fontes clássicas são: documentos oficiais, arquivos públicos, imprensa e arquivos privados (de igrejas, empresas, associações de classe, partidos políticos, sindicatos, associações científicas etc.). Mas as fontes documentais vêm se ampliando consideravelmente. Assim, o pesquisador pode se valer de documentos contidos em fotografias, filmes, gravações sonoras, disquetes, CD-ROM, DVDs, *pen drives*, páginas da *web*, materiais postados em redes sociais etc. Em campos como o da Antropologia, da Sociologia e da Comunicação, por sua vez, também podem ser considerados documentos cartas, bilhetes, fotografias, pinturas, esculturas, tapeçarias, material publicitário, lápides e até mesmos pichações em paredes de prédios e inscrições em portas de banheiros. Em campos como o da Arqueologia e da Paleontologia, por sua vez, os documentos podem ser constituídos por esqueletos, fósseis, armas, ferramentas, utensílios etc.

6.4 Localização das fontes e acesso aos documentos

Para localizar fontes documentais escritas e obter-se o respectivo material, seguem-se praticamente os mesmos passos da pesquisa bibliográfica. Até mesmo porque em muitas organizações suas bibliotecas são integradas a centros de documentação. Assim, fotografias, microfilmes, discos, fitas sonoras e de vídeo também podem ser localizados nesses centros. Mas há pesquisas em que a documentação se encontra dispersa, como as que requerem a análise de documentos pessoais, como cartas, fotografias de família e objetos pessoais.

Quando os dados estão disponíveis em formato eletrônico, o acesso fica facilitado. Embora seja possível deparar-se com dados que não são de livre acesso, é possível, em alguns casos, obter autorização para que os dados sejam disponibilizados, notadamente quando elaborados por organismos oficiais, visto que, de acordo com a Lei n. 15.527, de 18/11/2011, art. 5º, "é dever do Estado garantir o direito de acesso à informação, que será franqueada, mediante procedimentos objetivos e ágeis, de forma transparente, clara e em linguagem de fácil compreensão". Quando os dados são produzidos por entidades privadas, o acesso poderá ser mais difícil. Nesses casos, há que se contar com a habilidade do pesquisador para obter a informação. Quando, porém, os dados estão em outro formato, como papel, filmes e artefatos físicos, é preciso garantir alguma forma de reprodução, como cópias xerográficas, fotografias e vídeos.

6.5 Avaliação dos documentos

Após o acesso aos documentos, e antes da extração de seus conteúdos, é preciso avaliar sua qualidade. Para tanto, Scott (2006) define quatro critérios: autenticidade, credibilidade, representatividade e significado. A *autenticidade* determina se o material é genuíno ou de origem questionável. Constitui o principal critério e precisa ser definido antes de qualquer trabalho analítico em relação ao documento. Uma vez determinado que o material é genuíno, passa a ser considerado válido, embora possa ser questionado posteriormente. A *credibilidade* implica determinar se as informações contidas no documento são honestas e precisas, se estão livres de erros e distorções. A *representatividade* refere-se ao quanto o documento é típico em relação ao tópico que está sendo estudado. O *significado*, por fim, implica verificar se o conteúdo do documento está situado dentro de seu contexto histórico, em relação a outros documentos que o cercam e o que significa, e também ao que significa em termos de pesquisa.

6.6 Seleção e organização das informações

É provável que, ao longo do processo, uma grande quantidade de dados seja obtida. Para que se torne viável sua análise, é necessário que esses dados sejam reduzidos, o que implica a seleção dos pontos que proporcionam a informação mais relevante. Assim, torna-se importante ler cada um dos documentos e elaborar um resumo que pode ser inserido em fichas que irão proporcionar a informação para elaborar o corpo do trabalho de pesquisa. Para elaborar essas fichas, é preciso, ao longo das leituras, ir definindo as ideias-chave de cada um dos documentos. Essas ideias são, então, inseridas nas folhas das fichas. As ideias que se mostrarem mais importantes deverão se copiadas integralmente e apresentadas entre aspas.

Como se pode verificar, a elaboração dessas fichas ocorre de forma semelhante à da pesquisa bibliográfica. Mas como o conceito de documentação é amplo, é possível tratar de diferentes modalidades de ficha, conforme as fontes documentais, tais como: 1) ficha bibliográfica, utilizada para registrar dados extraídos de fontes bibliográficas, como livros e artigos de periódicos; 2) ficha audiográfica, utilizada para registrar dados correspondentes a materiais sonoros; 3) ficha videográfica, utilizada para registrar dados sobre filmes, programas de televisão, vídeos etc.; 4) ficha eletrônica, utilizada para registrar informações obtidas de meio eletrônico, como a internet; e 5) ficha iconográfica, utilizada para registar dados sobre fotografias, pinturas etc.

A elaboração das fichas não implica o descarte de todo o material restante quando da análise dos dados. Dependendo da estratégia analítica, poderá ser necessário acessar documentos que por sua extensão ou natureza não tiveram todo o conteúdo potencialmente relevante transcrito para as fichas. Assim, o que se recomenda é que esses documentos sejam guardados para eventual acesso posterior.

6.7 Análise e interpretação dos dados

A análise e a interpretação dos dados na pesquisa documental variam conforme a natureza dos documentos utilizados. Quando se trata dos chamados documentos de segunda mão, que já passaram por tratamento analítico, e que são apresentados como relatórios de empresas e de órgãos governamentais, os procedimentos podem se tornar muito semelhantes aos adotados nas pesquisas bibliográficas.

Há pesquisas documentais, como as realizadas no campo da ciência econômica, que se valem principalmente de dados quantitativos, disponíveis sob a forma de registros, tabelas, gráficos ou em bancos de dados. Nesses casos, o processo analítico envolve procedimentos estatísticos, como medidas de tendência central e de dispersão, correlação, regressão e testes de hipóteses, assemelhando-se aos levantamentos. A principal diferença é que, na pesquisa documental, os dados já estão disponíveis; e, nos levantamentos, são obtidos diretamente das pessoas mediante interrogação.

Quando os documentos são constituídos por textos escritos, como matérias veiculadas em jornais e revistas, cartas, relatórios, cartazes e panfletos, o procedimento analítico mais utilizado é a análise de conteúdo. Essa técnica foi empregada originariamente em pesquisas sobre o conteúdo de jornais, e visa descrever de forma objetiva, sistemática e qualitativa o conteúdo manifesto da comunicação (BERELSON, 1952). Seu uso foi se ampliando e atualmente é utilizada em pesquisas sobre opinião pública e propaganda, na identificação das características do conteúdo de obras literárias, didáticas e científicas, e em muitos outros campos da Sociologia, da Psicologia e da Ciência Política.

Diferentes modelos têm sido propostos para a realização de análise de conteúdo. Mas, de acordo com Krippendorff (2018), precisam abordar seis questões: 1) quais dados são analisados?; 2) como eles são definidos?; 3) qual é a população da qual

Como delinear uma pesquisa documental?

são retirados?; 4) qual é o contexto em relação ao qual os dados são analisados?; 5) quais são os limites da análise?; 6) qual é o alvo das inferências?

Os procedimentos analíticos variam conforme o modelo utilizado. Mas é possível definir algumas etapas que são seguidas na maioria das pesquisas em que se adota a técnica da análise de conteúdo:

1. *Definição de objetivos ou hipóteses*. Os objetivos ou as hipóteses decorrem do problema de pesquisa, mas geralmente tendem a se tornar mais específicos e delimitados mediante leitura preliminar dos textos. A clareza nessa definição é essencial para garantir a adequada seleção dos documentos.
2. *Elaboração de um quadro de referência*. O quadro de referência é constituído para fornecer uma orientação geral da pesquisa e o estabelecimento de um sistema conceitual. Também contribui para a elaboração do sistema de categorização de dados e para a interpretação dos dados obtidos.
3. *Seleção dos documentos a serem analisados*. Para proceder a essa seleção, é preciso decidir acerca da natureza dos documentos a serem analisados, dos critérios de inclusão e de sua delimitação espacial e temporal. Quando os documentos são em pequeno número, é possível analisá-los em sua totalidade. Quando são muito numerosos, é preciso selecionar uma amostra, mas é preciso garantir que os textos selecionados sejam representativos em relação ao universo total de textos.
4. *Codificação dos dados*. As partes relevantes do texto precisam ser codificadas. A codificação consiste em transformar os dados brutos do texto com vistas a obter uma representação de seu conteúdo para possibilitar sua análise. Consiste basicamente em descrever um conceito presente no texto mediante um rótulo, ou um código, que geralmente é expresso por uma ou duas palavras. A codificação possibilita identificar quatro características importantes: frequência (número de vezes que um código aparece), direção (forma como o conteúdo aparece: (positivo, negativo, oposto, suporte etc.), intensidade (quantidade de força em determinada direção) e espaço (extensão do texto).
5. *Categorização dos dados*. Os códigos relacionados entre si pelo seu conteúdo ou pelo seu contexto são agrupados em categorias. Uma categoria é formada pelo agrupamento dos códigos que se relacionam entre si por meio de seu conteúdo ou contexto. Essas categorias são utilizadas para descrever diferentes aspectos, semelhanças ou diferenças do conteúdo do texto. No estabelecimento de categorias, é preciso garantir a observância de quatro critérios: exaustividade (todas as unidades podem ser colocadas numa das categorias), mútua exclusividade (uma unidade não pode ser incluída em mais de uma categoria), homogeneidade (uma única dimensão de análise) e objetividade (independência em relação à subjetividade do pesquisador).
6. *Estabelecimento do modo de contagem*. A contagem dos elementos pode ser feita de diferentes modos, como, por exemplo: presença ou ausência, frequência com que aparece, direção (favorável, desfavorável ou neutra) e ordem de aparição.
7. *Teste de validade e fidedignidade*. Existe validade quando os resultados correspondem exatamente àquilo que se pretende medir. Uma das formas de verificação da validade é fazer com que vários codificadores codifiquem os dados de amostra e,

63

em seguida, são comparados os resultados. Existe fidedignidade quando os dados se mostram constantes durante todo o processo de medição. Assim, verifica-se a existência de fidedignidade quando a mesma pessoa é capaz de fazer uma interpretação semelhante após um intervalo de tempo ou quando duas ou mais pessoas são capazes de fornecer a mesma interpretação simultaneamente.

8. *Tratamento estatístico dos dados*. Em sua forma mais simples, o tratamento dos dados consiste na verificação da frequência com que as palavras ocorrem num texto. Mas há procedimentos mais sofisticados, como as múltiplas combinações de palavras. Essas tarefas vêm se tornando cada vez mais simples, graças à utilização de programas de computador, como o IRaMuTeQ, que é de livre acesso.

9. *Interpretação dos dados*. O significado mais amplo dos dados é obtido mediante seu cotejo com as teorias selecionadas para fundamentação do trabalho. Daí a conveniência da constituição do quadro de referência no início do processo.

6.8 Redação do relatório

Nas pesquisas documentais de cunho quantitativo, em que os resultados são organizados em tabelas e submetidos a testes estatísticos, a redação do relatório se faz de forma semelhante à da pesquisa experimental (ver Capítulo 7) ou dos levantamentos (ver Capítulo 11). Já nas pesquisas em que os dados são de natureza qualitativa, o relatório pode ser estruturado de diferentes maneiras, como ocorre, por exemplo, com os estudos de caso (ver Capítulo 12).

Leituras recomendadas

BAUER, Martin W.; GASKELL, George. *Pesquisa qualitativa com texto, imagem e som*: um manual prático. Petrópolis: Vozes, 2000.

    Esse livro aborda diversas técnicas utilizadas na coleta e análise de dados em pesquisa documental, tais como: análise de conteúdo, análise de discurso, análise semiótica de imagens paradas, análise de imagens em movimento e análise de ruído e música.

BARDIN, Laurence. *Análise de conteúdo*. Edição revista e ampliada. São Paulo: Edições 70, 2016.

    Trata-se de manual claro, concreto e operacional que descreve a evolução da análise de conteúdo, apresenta seus fundamentos e capacita os leitores para a utilização de diferentes técnicas, tais como: análise de avaliação, análise da enunciação e análise proposicional do discurso das relações.

Exercícios e trabalhos práticos

1. Formule um problema de pesquisa cujos dados possam ser obtidos exclusivamente com base em documentos.

Como delinear uma pesquisa documental?

2. Localize numa biblioteca o Anuário Estatístico do Brasil. Verifique a parte referente a dados sociais e, a partir daí, formule alguns problemas de pesquisa para os quais esses dados podem ser relevantes.
3. Analise a possibilidade de paredes de banheiros e latas de lixo serem utilizadas como fontes de dados em pesquisas sociais.
4. Procure exemplares de jornais diferentes. Relacione todos os títulos de artigos, separando-os, a seguir, por assunto (política, esportes, polícia etc.). Calcule, então, a porcentagem correspondente a cada assunto. Esses resultados constituirão elementos para a análise de conteúdo da matéria impressa nos jornais.

7

COMO DELINEAR UMA PESQUISA EXPERIMENTAL?

7.1 Etapas do planejamento da pesquisa experimental

O planejamento da pesquisa experimental implica o desenvolvimento de uma série de passos que podem ser assim arrolados:

a) formulação do problema;
b) construção das hipóteses;
c) operacionalização das variáveis;
d) definição do plano experimental;
e) determinação dos sujeitos;
f) determinação do ambiente;
g) coleta de dados;
h) análise e interpretação dos dados;
i) redação do relatório.

7.2 Formulação do problema

Como toda pesquisa, a experimental inicia-se com algum tipo de problema ou indagação. Mais que qualquer outra, a pesquisa experimental exige que o problema seja colocado de maneira clara, precisa e objetiva. As recomendações acerca da formulação do problema, feitas no Capítulo 2, assumem, pois, importância muito maior no caso das pesquisas experimentais.

7.3 Construção das hipóteses

Na pesquisa experimental, as hipóteses referem-se, geralmente, ao estabelecimento de relações causais entre variáveis. Sugere-se que essas relações sejam definidas pela fórmula "se ... então". Por exemplo: "Se alunos forem elogiados pelo professor por estarem indo bem na leitura, então sua produtividade aumenta."

Como a pesquisa experimental se caracteriza pela clareza, precisão e parcimônia, frequentemente envolve uma única hipótese. Esta, por sua vez, tende a confundir-se com o próprio problema. O que varia é a forma: interrogativa no problema e afirmativa na hipótese.

7.4 Operacionalização das variáveis

Nunca será demais enfatizar que as variáveis contidas nas hipóteses de uma pesquisa experimental devem possibilitar o esclarecimento do que se pretende investigar, bem como sua comunicação de forma não ambígua. Isso pode ser obtido mediante a definição operacional, que é a definição específica das operações que serão realizadas para que o conceito possa ser medido. Para desenvolver uma definição operacional, é preciso definir claramente a variável, identificar o procedimento adotado para coleta de dados, definir o procedimento para mensuração da variável e estabelecer um critério para avaliação da medida.

7.5 Definição do plano experimental

O experimento é uma pesquisa em que se manipula uma ou mais variáveis independentes e os sujeitos são designados aleatoriamente a grupos experimentais. Com base no número de variáveis e na forma de designação dos sujeitos, podem ser definidas diferentes modalidades de planos experimentais. Serão aqui apresentados os dois planos mais utilizados: plano de uma única variável independente e plano fatorial.

7.5.1 Plano de uma única variável

Esse plano, que também é designado de "mão única" (*one way*), implica a manipulação de uma única variável independente. Suponha-se uma pesquisa que tenha por hipótese: "professores que utilizam técnicas de trabalho em grupo tendem a ser avaliados de forma mais positiva por seus alunos". Para que o experimento possa ser realizado, torna-se necessário manipular a variável independente, qual seja, "utilização de técnicas de trabalho em grupo". Nesse caso, a variável independente poderia ser manipulada pela utilização de técnicas de trabalho em grupo por parte dos professores. Seria possível estabelecer que alguns professores utilizassem preferencialmente as técnicas de trabalho em grupo durante as aulas e outros professores não as utilizassem. O Quadro 7.1 mostra como esse plano poderia ser esquematizado.

Como delinear uma pesquisa experimental?

Quadro 7.1 Plano de experimento sobre avaliação dos professores em função da utilização ou não de técnicas de trabalho em grupo.

Utilização de técnicas de trabalho em grupo	
A1	A2
utilizam	não utilizam
Resultados na variável dependente (avaliação dos professores pelos alunos)	

Nesse caso, são estabelecidas apenas duas situações experimentais: utilizam e não utilizam técnicas de trabalho em grupo. Contudo, pode haver um número maior de situações. Para esse mesmo experimento, poderiam ser estabelecidas três condições. O Quadro 7.2 mostra como o plano seria esquematizado.

Quadro 7.2 Plano de experimento sobre avaliação dos professores em função da utilização ou não de técnicas de trabalho em grupo.

Utilização de técnicas de trabalho em grupo		
A1	A2	A3
utilizam intensamente	utilizam moderadamente	não utilizam
Resultados na variável dependente (avaliação dos professores pelos alunos)		

7.5.2 Plano fatorial

O modelo clássico de pesquisa experimental envolve uma variável independente e duas condições experimentais. Foi visto que o número de condições experimentais pode ser ampliado para três ou mais. Contudo, mesmo assim o experimento continua a ser de uma única variável. É possível, no entanto, introduzir mais de uma variável independente no experimento. Quando isso ocorre, tem-se um plano do tipo fatorial. Esse plano consiste, basicamente, em utilizar duas, três ou mais variáveis independentes, simultaneamente, para estudar seus efeitos conjuntos ou separados em uma variável dependente. Com isso, torna-se possível testar hipóteses mais complexas e elaborar teorias mais abrangentes.

Tome-se o seguinte exemplo de aplicação do plano fatorial: admite-se a hipótese de que a avaliação do professor pelos alunos tem a ver com a metodologia utilizada. Todavia, também há motivos para admitir que a avaliação do professor é influenciada pelo conteúdo da disciplina. Assim, é possível definir um plano para a verificação experimental de cada uma dessas hipóteses, conforme indicam os Quadros 7.3 e 7.4.

Para o teste da primeira hipótese, faz-se variar a metodologia de ensino mediante a constituição de dois grupos: o dos professores que utilizam técnicas de grupo e o dos que utilizam técnicas expositivas. Para o teste da segunda hipótese, faz-se variar o conteúdo da disciplina: afetivo ou cognitivo.

7 Como delinear uma pesquisa experimental?

Quadro 7.3 Plano de experimento sobre avaliação dos professores pelos alunos em função da metodologia de ensino adotada.

Metodologia de ensino	
A1 Técnicas de grupo	A2 Exposição
Resultados na variável dependente (avaliação dos professores pelos alunos)	

Quadro 7.4 Plano de experimentação sobre avaliação dos professores pelos alunos em função do conteúdo da disciplina.

Conteúdo da disciplina	
B1 Afetivo	B2 Cognitivo
Resultados na variável dependente (avaliação dos professores pelos alunos)	

Cada um desses experimentos pode ser feito separadamente. Contudo, torna-se mais interessante estudar simultaneamente os efeitos das técnicas e do conteúdo das matérias sobre a avaliação dos professores.

Para tanto, elabora-se o plano indicado no Quadro 7.5, baseado em Kerlinger (1980), que permite três testes num único experimento. O primeiro avalia os professores que utilizam técnicas de grupo ou exposição. O segundo avalia o professor considerando o conteúdo afetivo ou cognitivo da matéria. O terceiro, por fim, avalia a interação, o trabalho mútuo das duas variáveis independentes em seu efeito conjunto sobre a variável dependente.

Quadro 7.5 Plano fatorial de experimento sobre a avaliação de professores em função da metodologia de ensino e do conteúdo da matéria.

Conteúdo da matéria \ Metodologia de ensino	Trabalho de grupo (A1)	Exposição (A2)
Afetivo (B1)	A1 B1	A2 B1
Cognitivo (B2)	A1 B2	A2 B2

(Medidas da variável dependente)

O entendimento desse plano ficará facilitado se forem definidos alguns resultados fictícios. Imagine-se que os professores tenham sido avaliados numa escala de 10 pontos, com 10 indicando a atitude mais positiva possível e 1, a mais negativa. Considerem-se, agora, quatro possibilidades distintas de resultados, como indica o Quadro 7.6.

Como delinear uma pesquisa experimental?

Quadro 7.6 Quatro conjuntos hipotéticos de resultados obtidos em experimentos fatoriais.

	(I) Trabalho de grupo A1	Exposição A2			(II) Trabalho de grupo A1	Exposição A2	
Afetivo B1	A1 B1 — 7	A2 B1 — 3	5	Afetivo B1	A1 B1 — 7	A2 B1 — 7	7
Cognitivo B2	A1 B2 — 7	A2 B2 — 3	5	Cognitivo B2	A1 B2 — 3	A2 B2 — 3	3
	7	3			5	5	

	(III) Trabalho de grupo A1	Exposição A2			(IV) Trabalho de grupo A1	Exposição A2	
Afetivo B1	A1 B1 — 7	A2 B1 — 3	5	Afetivo B1	A1 B1 — 7	A2 B1 — 3	5
Cognitivo B2	A1 B2 — 5	A2 B2 — 5	5	Cognitivo B2	A1 B2 — 3	A2 B2 — 7	5
	6	4			5	5	

Os dados contidos em (I) indicam que os professores que utilizam predominantemente trabalho em grupo recebem avaliação mais positiva em relação àqueles que utilizam a exposição. As médias referentes ao conteúdo das disciplinas, obviamente, não se alteram (5 e 5).

Os dados contidos em (II) indicam notável diferença entre o conteúdo afetivo e o cognitivo (médias 7 e 3, respectivamente) e nenhuma diferença entre a aplicação de trabalhos de grupo e exposição.

Os dados contidos em (III) indicam que a avaliação de professores que utilizam trabalhos de grupo e exposição apresentam diferenças significativas unicamente em disciplinas de conteúdo afetivo (7 e 3 , respectivamente). Nenhuma diferença é observada nessa avaliação quando o conteúdo da disciplina é de natureza cognitiva (5 e 5).

Por fim, os dados em (IV) indicam que a avaliação dos professores em função da metodologia adotada varia significativamente com disciplinas de conteúdo afetivo ou cognitivo, mas em direções opostas. A avaliação dos professores que utilizam trabalhos de grupo é positiva em disciplinas de conteúdo afetivo; todavia, a avaliação dos professores que se valem da exposição é mais positiva em disciplinas de conteúdo cognitivo.

7.6 Determinação dos sujeitos

Para que se efetive um experimento, torna-se necessário selecionar sujeitos. Essa tarefa é de fundamental importância, visto que a pesquisa tem por objetivo generalizar os resultados obtidos para a população da qual os sujeitos pesquisados constituem uma amostra. População significa o número total de elementos de uma classe. Isso significa que uma população não se refere exclusivamente a pessoas, mas a qualquer tipo de organismo: pombos, ratos, amebas etc. Pode, ainda, a população referir-se a objetos inanimados, como, por exemplo, lâmpadas, parafusos etc.

No planejamento de um experimento, é necessário determinar com grande precisão a população a ser estudada. Para isso, devem ser consideradas as características que são relevantes para a clara e precisa definição da população. Por exemplo, ao se referir a uma população de pessoas, convém que se especifique o sexo, a idade, a instrução e o nível socioeconômico. Para uma população de ratos será conveniente considerar o sexo, a idade, o peso, os horários de alimentação etc.

Como já foi lembrado, os indivíduos selecionados para participar dos experimentos devem ser alocados em pelo menos dois grupos. Para que as diferenças entre os dois grupos em relação ao fenômeno pesquisado sejam significativas do ponto de vista estatístico, torna-se necessário conferir um caráter aleatório para a alocação dos participantes. Daí a necessidade da randomização, que é o processo que visa garantir a cada participante a mesma chance de ser alocado a qualquer dos grupos.

Dessa forma, fatores como sexo, idade e outras características dos participantes, que poderiam confundir os resultados, tendem a ser distribuídos igualmente entre os grupos. O processo de randomização procura, pois, garantir que os elementos de cada um dos grupos apresentem o mesmo nível em relação a todos os fatores de risco, conhecidos ou desconhecidos.

Há várias técnicas de randomização. A mais empregada é a randomização simples, na qual os participantes são colocados diretamente nos grupos de estudo e de controle, sem etapas intermediárias. Essa randomização pode ser feita mediante o uso de uma tábua de números aleatórios ou por meio de envelopes numerados sequencialmente, cada um contendo um número ao acaso, gerado por computador. Outra técnica é a da randomização pareada, em que inicialmente são formados pares de participantes e a alocação aleatória é feita no interior do par, de tal forma que um indivíduo receba um tratamento experimental e o outro, o de controle.

7.7 Determinação do ambiente

Os sujeitos de um experimento desenvolvem suas ações em determinado ambiente. Esse ambiente deverá, portanto, proporcionar as condições para que se possa manipular a variável independente e verificar seus efeitos nos sujeitos. Seja, por exemplo, o caso de um experimento que tenha por objetivo testar a influência das condições de iluminação sobre a produtividade. Para tanto, será necessário que o ambiente possibilite variar as condições de iluminação, bem como verificar a produtividade dos indivíduos.

Já foi lembrado que as pesquisas experimentais podem ter como ambiente o laboratório ou o campo. Quando é realizada em laboratório, a possibilidade de controle das variáveis é maior, já que o ambiente pode ser preparado de forma que permita a maximização do efeito das variáveis independentes sobre a dependente. Nos experimentos de campo, o controle das variáveis é mais reduzido, tanto por constituir empreendimento custoso quanto por poder artificializar situações que se desejam naturais.

Para que o ambiente se torne o mais adequado para a realização da pesquisa, uma série de cuidados devem ser tomados. É preciso, primeiramente, assegurar que o fenômeno ocorra numa forma suficientemente pura ou notável para que se torne exequível a pesquisa. Isso exige, naturalmente, apreciável conhecimento do ambiente. É preciso, também, garantir que o pesquisador disponha de autoridade e perícia para dispor o ambiente de forma adequada. Isso é muito importante quando se considera que frequentemente as pesquisas são desenvolvidas em ambientes cuja administração é confiada a pessoas estranhas a quem a realiza. Imagine-se uma pesquisa desenvolvida numa fábrica, com o objetivo de estudar conflitos no trabalho. Essa pesquisa poderá exigir a observação dos empregados no trabalho, a realização de entrevistas, bem como a análise de relatórios da empresa. O desempenho de atividades dessa natureza geralmente é vedado a terceiros. Logo, para que a pesquisa seja desenvolvida a contento, é preciso ter, antecipadamente, a garantia de que o pesquisador não terá cerceado seu trabalho de coleta de dados.

7.8 Coleta de dados

A coleta de dados na pesquisa experimental é feita mediante a manipulação de certas condições e a observação dos efeitos produzidos. Na pesquisa psicológica, o experimento geralmente envolve a apresentação de um estímulo e o registro da resposta. Essas duas funções podem ser efetuadas pelo pesquisador das mais diversas maneiras. A mais simples consiste na emissão de alguma mensagem oral ou visual a um grupo de sujeitos e no registro de seu comportamento mediante anotações em folhas próprias. Contudo, com frequência cada vez maior, a pesquisa experimental vale-se de recursos mecânicos, elétricos ou eletrônicos. Podem ser utilizados, dentre muitos outros, os seguintes recursos: espelhos, câmeras de vídeo, galvanômetros, encefalógrafos, aparelhos de ressonância magnética etc.

7.9 Análise e interpretação dos dados

Na pesquisa experimental, utiliza-se a análise estatística. O desenvolvimento das técnicas estatísticas tem sido notável e sua aplicabilidade na pesquisa experimental tão adequada que não se pode hoje deixar de utilizá-las no processo de análise dos dados.

O procedimento básico adotado na análise estatística nas pesquisas experimentais consiste no teste da diferença entre as médias. Suponha-se, por exemplo, que um plano de dois grupos seja usado e que a média obtida com o grupo experimental seja 21,0 e a média para o grupo de controle, 18,8. Daí se conclui que a média do grupo experimental é superior à do grupo de controle. Todavia, a limitada quantidade de informações disponíveis não é suficiente para garantir essa conclusão. Não se sabe se a diferença entre as duas médias é significativa; não se tem a certeza de que os resultados não foram devidos ao acaso. Daí por que é necessário utilizar um teste estatístico que indique se a diferença entre as médias dos dois grupos é significativa.

A Estatística dispõe de inúmeros testes de significância. A utilização de cada um deles depende de conhecimentos prévios acerca da extensão, distribuição e qualidade dos dados. Por isso, convém que todo o processo de análise estatística seja planejado antes de conduzir o experimento. Está fora do alcance deste livro tratar exaustivamente dos procedimentos de análise estatística dos dados. Convém, portanto, que o pesquisador recorra a obras que tratam especificamente da utilização de testes estatísticos na pesquisa experimental. Algumas dessas obras são indicadas e comentadas ao fim deste capítulo.

É claro que a Estatística por si só não possibilita a interpretação dos resultados. Isso exige o concurso de fundamentação teórica. Isso significa que o pesquisador deverá estar habilitado a proceder à vinculação entre os resultados obtidos empiricamente e as teorias que possibilitam a generalização dos resultados obtidos.

7.10 Redação do relatório

O relatório da pesquisa experimental compõe-se de partes distintas. Inicia-se a Introdução, em que se apresenta o problema da pesquisa, sua contextualização, a justificativa para sua realização e culmina com a apresentação dos objetivos. Nessa parte também pode ser incluído o Referencial Teórico, que, quando for muito extenso, vem em seção específica. A seguir, vem a seção dedicada à apresentação dos Materiais e Métodos empregados. Segue-se a seção dedicada à apresentação dos Resultados obtidos e a seção destinada à sua Discussão, que, muitas vezes, aparecem juntas com o título "Análise e Discussão dos Resultados". O relatório se encerra com a Conclusão alcançada pela pesquisa.

Leituras recomendadas

KERLINGER, Fred N. *Metodologia da pesquisa em ciências sociais*: um tratamento conceitual. São Paulo: EPU/Edusp, 1980.

Trata-se de obra clássica de metodologia em ciências sociais. Os Capítulos 6 e 7 tratam, respectivamente, dos delineamentos de uma única variável independente e do delineamento fatorial.

KANTOWITZ, Barry H.; ROEDIGER III, Henry L.; ELMES, David G. *Psicologia experimental*: psicologia para compreender a pesquisa. 8. ed. São Paulo: Thompson, 2006.

Esse livro trata dos diferentes delineamentos de pesquisa em Psicologia, com especial destaque para a pesquisa experimental. Apresenta diferentes planos de pesquisa experimental e dedica todo um capítulo a aspectos éticos da pesquisa psicológica.

Exercícios e trabalhos práticos

1. Identifique alguns fatores que poderão dificultar a realização de uma pesquisa experimental a respeito do tema *conflitos no trabalho*.
2. Construa, de acordo com a fórmula indicada no texto, hipóteses para pesquisas experimentais relativas aos temas: *motivação no trabalho, agressividade infantil* e *influência da televisão*.
3. Formule um problema de pesquisa. A seguir, elabore duas hipóteses cujas variáveis independentes sejam distintas. Por fim, construa um plano de tipo fatorial para estudar o efeito mútuo dessas duas variáveis independentes sobre a dependente.
4. Procure, mediante consulta a livros de Estatística, analisar o significado dos termos: *probabilidade, aleatoriedade, significância, erro tipo I e erro tipo II, teste paramétrico e teste não paramétrico*.

8

COMO DELINEAR UM ENSAIO CLÍNICO?

Os ensaios clínicos podem ser definidos como pesquisas experimentais. Logo, iniciam-se com a formulação de um problema, seguido pela construção de hipóteses e demais etapas do processo, que culminam com a redação do relatório. Em virtude, porém, de seu aprimoramento metodológico, tendem a apresentar maior especificidade e a ser considerados separadamente.

Existem diversas modalidades de ensaios clínicos. O mais conhecido e mais valorizado é o ensaio randomizado cego. Outras modalidades são: delineamento fatorial, delineamento randomizado com alocação de grupos, delineamento com grupo de controle não equivalente, delineamento de séries temporais e delineamento cruzado. Assim, procede-se à apresentação das etapas do ensaio clínico randomizado cego e, em seguida, à caracterização das outras modalidades, ressaltando suas especificidades.

8.1 Ensaio clínico randomizado cego

As etapas do ensaio clínico randomizado cego são:

a) definição dos objetivos;
b) seleção dos participantes;
c) medição das variáveis basais;
d) definição dos procedimentos de tratamento;
e) randomização;
f) cegamento;
g) acompanhamento da aderência ao tratamento;

h) medição do desfecho;
i) análise dos resultados.

8.1.1 Definição dos objetivos

Um ensaio clínico requer a elaboração de um protocolo minucioso que documente não apenas o que se pretende fazer, mas também as razões que conduziram ao ensaio. O protocolo deve primeiramente apresentar uma descrição das questões de fundo e dos propósitos gerais da investigação para ajudar a esclarecer por que o ensaio é importante e que se baseia na experiência obtida com pesquisas anteriores. Depois, definir os objetivos específicos, ou seja, o que se pretende exatamente com o ensaio em termos de resultados esperados. O protocolo deve também apresentar claramente o grau de benefício esperado com a intervenção, bem como sua provável duração, além de informações acerca dos pacientes para os quais o benefício é esperado. É essencial, portanto, a observação das normas definidas pela Resolução n. 486 do Conselho Nacional de Saúde, de 12 de dezembro de 2012, que visa assegurar os direitos e deveres que dizem respeito aos participantes da pesquisa, à comunidade científica e ao Estado.

8.1.2 Seleção dos participantes

A experiência acumulada dos pesquisadores clínicos permite estabelecer alguns princípios que podem ser utilizados na definição de critérios de inclusão e de exclusão com vistas a maximizar a influência da intervenção. Assim, incluir participantes com alto risco para o desfecho contribui para a diminuição do número de sujeitos necessários. Incluir apenas participantes que já têm a doença também. Mas limitar a participação a indivíduos que já têm a doença ou apresentam maior risco de contraí-la também apresenta desvantagens, principalmente a de tornar impossível a generalização dos resultados para populações de menor risco. Sem contar que a identificação do nível de risco dos participantes poderá exigir coleta de dados e medições capazes de tornar o processo mais complexo, demorado e custoso.

Existem vários motivos para excluir indivíduos de um ensaio: a) suscetibilidade de indivíduos a efeitos adversos; b) baixa probabilidade de que o tratamento seja eficaz, como, por exemplo, quando o indivíduo apresenta um tipo de doença que dificulte a resposta ao tratamento; c) baixa probabilidade de aderir à intervenção; d) baixa probabilidade de completar o período de acompanhamento; e e) problemas de ordem prática para participação, como, por exemplo, deficiência mental que torne difícil seguir instruções (HULLEY et al., 2008).

Os critérios para a definição do tamanho da amostra são os mesmos adotados para outros delineamentos. Mas recrutar participantes para um ensaio clínico costuma ser mais difícil, pois estes precisam ser alocados aleatoriamente e estar dispostos a participar cegamente de um tratamento. Embora sejam muito valorizadas as amostras probabilísticas, não há por que preferi-las nos ensaios clínicos. As amostras intencionais podem, em muitos casos, ser mais adequadas, já que possibilitam incluir participantes com características diversas e, dessa forma, ampliar a validade externa dos resultados para um contexto mais amplo.

8.1.3 Medição das variáveis basais

É conveniente dispor de informações prévias acerca dos participantes, pois estas poderão auxiliar na avaliação da capacidade de generalização dos resultados. É aconselhável medir variáveis que podem constituir fortes preditores do desfecho. Por exemplo, numa pesquisa referente aos efeitos do fumo, é conveniente saber se o indivíduo trabalha num local em que outras pessoas fumam. A medição dessas variáveis é importante principalmente em ensaios que envolvem poucos participantes. Com amostras maiores o processo de randomização contribui para minimizar o problema de confusões decorrentes da distribuição desigual de fatores no início do estudo. Mas é preciso considerar também que fazer muitas medições eleva os custos e a complexidade do estudo.

8.1.4 Definição dos procedimentos do tratamento

Parte considerável do protocolo deve ser dedicada à definição precisa dos procedimentos necessários para o tratamento. Os tratamentos podem referir-se a terapia com drogas, procedimentos cirúrgicos, radioterapia, cuidados pós-operatórios, intervenção dietética etc. Torna-se necessário, portanto, definir com clareza os procedimentos necessários para levar a cabo o tratamento. Para os tratamentos com drogas, que constituem a maioria dos ensaios clínicos, podem ser definidos os seguintes procedimentos (POCOCK, 1983):

a) rota de administração;
b) dosagem;
c) frequência;
d) duração do tratamento;
e) efeitos colaterais, modificação da dosagem e suspensão;
f) submissão do paciente ao tratamento;
g) tratamento auxiliar e cuidados com o paciente;
h) empacotamento e distribuição da droga;
i) comparação de políticas de tratamento.

8.1.5 Randomização

Os indivíduos selecionados para participar dos ensaios clínicos devem ser alocados em pelo menos dois grupos, sendo que em sua forma mais simples um grupo recebe tratamento ativo e outro, placebo. Para que as diferenças entre os dois grupos em relação aos desfechos sejam significativas do ponto de vista estatístico, torna-se necessário conferir um caráter aleatório para a alocação dos participantes. Daí a necessidade da randomização, que é o processo que visa garantir a cada participante a mesma chance de ser alocado a qualquer dos grupos. Dessa forma, fatores como sexo, idade e outras características dos participantes, que poderiam confundir os resultados, tendem a ser distribuídos igualmente entre os grupos. O processo de randomização procura, pois, garantir que os elementos de cada um dos grupos apresentem o mesmo nível em relação a todos os fatores de risco, conhecidos ou desconhecidos.

Há várias técnicas de randomização. A mais empregada é a randomização simples, na qual os participantes são colocados diretamente nos grupos de estudo e de controle, sem etapas intermediárias. A randomização pode ser feita mediante o uso de uma tábua de números aleatórios ou por meio de envelopes numerados sequencialmente, cada um contendo um número ao acaso, gerado por computador.

Outra técnica é a da randomização em blocos, que é utilizada para garantir que o número de participantes seja igualmente distribuído entre os participantes do estudo. Ela tem como característica a formação de blocos com um número fixo de indivíduos, de igual tamanho. Por exemplo, quatro indivíduos podem constituir um bloco, se houver dois tratamentos a serem testados. Esses tratamentos são aplicados aos indivíduos do bloco inicial e depois, bloco por bloco, até que se termine o processo de alocação dos indivíduos. A principal vantagem dessa técnica é a de possibilitar um número de participantes igual nos grupos de estudo e de controle, mesmo se o ensaio for interrompido. A randomização em blocos torna-se útil, portanto, em estudos com número reduzido de pacientes.

Também pode ser utilizada a randomização pareada, em que inicialmente são formados pares de participantes, e a alocação aleatória é feita no interior do par, de tal forma que um indivíduo receba um tratamento experimental e o outro, o de controle.

Outra técnica é a da randomização em blocos e estratificada, que é utilizada tipicamente quando se considera importante obter um equilíbrio das características basais-chave, como, por exemplo, sexo, idade ou variantes clínicas. Formam-se, assim, blocos, tanto no grupo experimental quanto no de controle. Recomenda-se essa técnica principalmente em ensaios com pequeno número de participantes, pois em ensaios com amostra mais numerosa, a designação aleatória garante uma distribuição quase parelha das variáveis basais.

8.1.6 Cegamento

Existem ensaios abertos em que tanto os pesquisadores integrantes da equipe quanto todos os pacientes envolvidos sabem a que grupo pertence cada indivíduo. Também existem os ensaios unicegos, em que apenas a equipe de investigação sabe qual foi o tipo de tratamento instituído em cada paciente, ou a que grupo cada paciente pertence. Mas essa modalidade só é aplicada em situações em que tecnicamente não é possível o investigador não saber o que está fazendo, como, por exemplo, estudos relativos a tratamentos por intervenções cirúrgicas ou radioterapia.

A ocorrência mais comum na pesquisa clínica é a adoção de ensaios duplo-cegos, em que nem os planejadores da pesquisa, nem as pessoas que lidam com os pacientes, nem os investigadores que coletam os resultados, e tampouco os pacientes, sabem a que grupos eles pertencem. O cegamento é tão importante quanto a randomização, pois protege o ensaio de diferenças resultantes de aspectos associados ao tratamento, mas que não fazem parte da intervenção. Cabe considerar, no entanto, que a randomização elimina apenas a influência das variáveis de confusão presentes no momento em que é operada, não elimina a influência de outras variáveis que podem ocorrer durante o tratamento. Num estudo não cego, é possível que o pesquisador dê atenção diferenciada aos participantes que sabem que estão recebendo o tratamento ativo.

8.1.7 Acompanhamento de aderência ao protocolo

Em praticamente todos os ensaios clínicos, certo número de participantes do estudo não recebe a intervenção, deixa de aderir ao protocolo, ou é perdido no acompanhamento. Quando esse número se torna significativo, os resultados do ensaio ficam comprometidos. Torna-se necessário, portanto, adotar algumas estratégias para maximizar o acompanhamento e a aderência, tais como as sugeridas por Hulley *et al.* (2015):

- escolher sujeitos com maiores chances de aderir à intervenção e ao protocolo;
- facilitar a intervenção;
- fazer com que as consultas sejam convenientes e agradáveis;
- garantir que as medições do estudo não causem dor e sejam interessantes;
- encorajar os sujeitos a permanecer no ensaio;
- localizar os sujeitos perdidos no acompanhamento.

8.1.8 Medição do desfecho

Desfecho é o evento em investigação supostamente causado pela intervenção. A escolha do procedimento adequado para medição algumas vezes é muito simples. Por exemplo, num estudo em que se comparam métodos para a prevenção de fraturas, a medida mais evidente desse desfecho é a da frequência com que as fraturas ocorrem. Já um ensaio para verificar o efeito do exercício físico em mães que amamentam ao seio, a medida não pode referir-se unicamente à quantidade de leite produzido, mas também à sua composição, à ingesta pela criança e ao seu peso. O que significa que o desfecho precisa ser medido de maneira objetiva, acurada e consistente.

O desfecho num tratamento de câncer, por exemplo, pode ser medido mediante o estabelecimento de categorias da retração do tumor. Após o tratamento, é possível constatar: 1) resposta completa (todo o tumor desapareceu); 2) resposta parcial (aproximadamente 50% de decréscimo no volume do tumor, com evidência de alguma doença residual); 3) resposta menor (decréscimo de mais de 25% do volume total do tumor, mas menos do que 50%); 4) doença estável (o crescimento do tumor ficou abaixo de 20 ou 25%); e 5) doença progressiva (o tumor cresceu significativamente ou um novo tumor apareceu) (THERASSE *et al.*, 2000).

Nem sempre o desfecho mais relevante é o mais fácil de medir. Por essa razão, os pesquisadores precisam decidir se não é mais conveniente preferir desfechos medidos por marcadores biológicos substitutos para o risco do desfecho. Esses marcadores são componentes celulares, estruturais e bioquímicos, que podem definir alterações celulares e moleculares tanto em células normais quanto associadas a transformações malignas. Por exemplo, o colesterol é usado como marcador de doença coronariana; a densitometria óssea, de risco de fraturas, e o antígeno prostático específico (PSA), de risco para o de câncer de próstata.

8.1.9 Interrupção do ensaio

Embora constitua a última coisa que o pesquisador deseja, podem existir razões para que o ensaio seja suspenso. Se os danos superam os benefícios, não há por que mantê-lo. Entretanto, se o ensaio se mostra mais eficaz do que se imaginava no planejamento e os benefícios já podem ser percebidos, não é razoável continuar com a intervenção. E se há indícios de que o ensaio não irá possibilitar a obtenção de respostas ao problema de pesquisa, não é ético exigir que os participantes nele permaneçam.

8.1.10 Análise dos resultados

Os procedimentos utilizados na análise dos resultados dos ensaios clínicos são praticamente os mesmos dos estudos experimentais. Os testes de diferenças entre médias são os mais importantes. Como, porém, muitos dos dados são de natureza qualitativa, e as amostras, por não serem probabilísticas, não se distribuem, na maioria dos casos, segundo os parâmetros da normalidade, utilizam-se, com frequência, testes não paramétricos.

8.1.11 Redação do relatório

A redação do relatório dos ensaios clínicos segue os mesmos passos das pesquisas experimentais (ver Capítulo 7).

8.2 Delineamento fatorial

O delineamento fatorial envolve a aplicação simultânea de duas ou mais intervenções num único experimento. Um exemplo desse tipo de delineamento é o estudo sobre ataque isquêmico, em que a aspirina e a sulfimpirazona foram comparadas com o placebo (THE CANADIAN COOPERATIVE STUDY GROUP, 1978). O estudo indicava que a aspirina poderia ser utilizada para a redução da frequência do ataque, enquanto a sulfimpirazona não teria efeito e a combinação das drogas não produziria efeito melhor do que a aspirina isoladamente. Os participantes foram, pois, aleatoriamente alocados para quatro grupos, mas cada hipótese foi testada comparando-se duas metades do grupo. Primeiramente, todos aqueles que tomavam aspirina foram comparados com os que tomavam placebo. Depois, todos aqueles que tomavam sulfimpirazona foram comparados com os que receberam o placebo correspondente. Assim, tornou-se possível realizar dois ensaios pelo custo de um.

O delineamento fatorial tem algumas vantagens. Se existe a chance de interação entre duas intervenções, e utiliza-se uma amostra de tamanho apropriado, o delineamento fatorial pode ser muito informativo e eficiente. Mas também apresenta algumas limitações. A principal delas refere-se à possibilidade de interação entre os medicamentos e o desfecho. Assim, cuidados especiais devem ser tomados em relação ao recrutamento, à aderência ao tratamento e ao potencial efeito dos medicamentos.

8.3 Delineamento randomizado com alocação de grupos

Nessa modalidade de delineamento, o pesquisador, em vez de alocar indivíduos, aloca grupos ou aglomerados, como, por exemplo: comunidades, escolas, instituições religiosas e fábricas. Apesar de serem aglomerados que se manifestam naturalmente, esse delineamento também é randomizado. Tem sido muito utilizado em ensaios referentes a tratamentos de câncer, nos quais pesquisadores costumam ter dificuldade para tratar com os sujeitos acerca da ideia da randomização.

Essa modalidade de delineamento é prática e econômica. Mostra-se muito útil nas pesquisas sobre programas de saúde pública, como as que tratam de questões referentes à nutrição, que são difíceis de implementar individualmente sem afetar os outros membros da família. Sua principal desvantagem está no fato de que as unidades não são pessoas, mas sim grupos, o que torna a análise dos dados mais complicada.

8.4 Delineamento com grupo de controle não equivalente

Esse tipo de delineamento envolve um tratamento experimental a dois ou mais grupos, mas os sujeitos não são designados de forma randômica. Um exemplo desse delineamento é o da comparação dos resultados de pacientes tratados em duas instituições, sendo que numa delas se utiliza uma nova modalidade de cirurgia e na outra, uma mais tradicional.

Esse delineamento é considerado quase-experimental, porque, apesar de envolver a manipulação da variável independente, carece da designação aleatória de indivíduos tanto para o grupo experimental quanto para o de controle. Trata-se, portanto, de delineamento mais fraco, pois não há garantia de que os dois grupos sejam iguais no início do estudo. Mas tem valor porque a coleta de dados no pré-teste possibilita determinar diferenças entre os grupos, sobretudo quando forem constituídos por um grande número de sujeitos.

8.5 Delineamento de séries temporais

Nessa modalidade de delineamento, uma nova intervenção é usada numa série de sujeitos e os resultados são comparados com os resultados obtidos na primeira série.

Dessa forma, cada participante serve como o seu próprio controle para avaliar o efeito do tratamento.

Trata-se, a rigor, de um delineamento pré-experimental, pois não apresenta nem grupo de controle, nem designação aleatória dos participantes. É evidente a fraqueza desse delineamento. Não há como garantir que a eficácia da intervenção tenha sido determinada, por exemplo, pelo efeito do aprendizado: participantes que apresentam um desempenho melhor em testes posteriores de função cognitiva por terem aprendido no teste basal.

Mas, apesar de sua fraqueza, os delineamentos de série temporal são relativamente frequentes. Isso porque há situações em que é muito difícil a constituição aleatória de dois grupos. Assim, esses delineamentos possibilitam o trabalho com um número menor de casos, pois cada participante contribui com a informação para ambos os tratamentos. Também pode ser considerada vantagem a eliminação da influência de variáveis inatas, como sexo, idade e fatores genéticos.

8.6 Delineamento cruzado

O delineamento cruzado é uma sofisticação do delineamento de séries temporais. Num primeiro período, metade dos participantes recebe o tratamento A e a outra metade o tratamento B. No período seguinte, aplica-se o tratamento B na amostra anteriormente tratada com A e o tratamento A na amostra tratada com B. A seguir, confrontam-se os resultados por tratamento e por ordem de tratamento, verificando se existe interação.

A grande vantagem desse delineamento é que minimiza as possibilidades de confundimento, pois cada participante funciona como seu próprio controle. Dessa forma, amplia-se o poder estatístico do ensaio, o que possibilita utilizar um número menor de participantes. Apresenta também a vantagem de possibilitar a verificação da relação entre fenômenos num momento fixo no tempo.

Leituras recomendadas

OLIVEIRA, Granville Garcia de. *Ensaios clínicos:* princípios e prática. Brasília: Editora Anvisa, 2006.

Esse livro, ao longo de 16 capítulos, trata dos fundamentos científicos da pesquisa clínica, da condução de ensaios clínicos, da organização de centros de pesquisa clínica, dos ensaios multicêntricos, do uso da bioestatística e das implicações éticas na pesquisa clínica.

HULLEY, Stephen B.; CUMMINGS, Steven R.; BROWNER, Warren S.; GRADY, Deborah; NEWMAN, Thomas B. *Delineando a pesquisa clínica*: uma abordagem metodológica. 4. ed. Porto Alegre: Artmed, 2015.

Como delinear um ensaio clínico?

É um dos mais conhecidos manuais de pesquisa clínica. Os autores, utilizando linguagem simples e concisa, fornecem os esclarecimentos necessários para o planejamento das diferentes modalidades de ensaios clínicos.

Exercícios e trabalhos práticos

1. Discuta a influência de fatores, como sexo, idade e outras características dos participantes, que podem confundir os resultados se não forem considerados no processo de randomização.
2. Identifique razões de ordem prática e ética que podem dificultar a constituição de dois grupos aleatórios para a realização de uma pesquisa clínica.
3. Que procedimentos técnicos podem ser adotados com vistas à identificação das características dos indivíduos selecionados para compor os grupos aos quais será submetido o tratamento?
4. Localize, num livro de Bioestatística, técnicas que podem ser utilizadas para verificar quão significativas são as diferenças dos resultados obtidos nos grupos.
5. Identifique razões que justifiquem a realização de ensaios quádruplo-cegos, em que não apenas os pesquisadores e os pacientes ignoram a que grupos os indivíduos pertencem, mas também as pessoas responsáveis pela análise estatística dos dados e pela redação do relatório.

9

COMO DELINEAR UM ESTUDO DE COORTE?

O delineamento de um estudo de coorte apresenta pontos de semelhança com o dos ensaios clínicos, pois é constituído por uma amostra de pessoas expostas a determinado fator e outra amostra equivalente de não expostos. A exposição, no entanto, não é aplicada aleatoriamente, pois as condições de seleção da amostra são muito limitadas no estudo de coorte.

Os estudos de coorte podem ser classificados em prospectivo e retrospectivo. Em ambos os casos, o grupo é formado no presente, mas enquanto o retrospectivo é seguido em direção ao futuro, o retrospectivo é estudado em relação ao passado. Assim, procede-se, inicialmente, à apresentação das etapas seguidas nos estudos prospectivos. Em seguida, apresentam-se as diferenças entre as duas modalidades de estudo quanto à sequência das etapas.

9.1 Estudos de coorte prospectivos

As etapas de um estudo de coorte prospectivo são:

a) definição dos objetivos;
b) seleção dos participantes;
c) verificação da exposição;
d) acompanhamento dos participantes;
e) análise e interpretação dos resultados;
f) redação do relatório.

9.1.1 Definição dos objetivos

Um estudo de coorte tem sempre como objetivo verificar os efeitos de determinada exposição sobre os indivíduos. Verificar, por exemplo, quais os malefícios para a saúde decorrentes de hábito de fumar. Assim, o estudo de coorte implica a construção de hipóteses. O pesquisador, com base na literatura e em observações, antecipa efeitos, que espera verificar ao longo do estudo.

9.1.2 Seleção dos participantes

O estudo de coorte se inicia com uma especificação clara do grupo dos indivíduos expostos ao fator de risco. O grupo de indivíduos não expostos, por sua vez, deve apresentar características similares ao dos expostos, exceto em relação à exposição que se pretende estudar. Deve apresentar também o mesmo risco potencial de apresentar os desfechos e as mesmas oportunidades que os expostos. Para garantir essa similaridade entre os grupos é necessário que sejam recrutados nas mesmas fontes e mediante os mesmos procedimentos.

Mediante observação, interrogação ou exame clínico dos integrantes da amostra, determina-se o nível de exposição a que estiveram submetidos. Por exemplo, numa pesquisa sobre os efeitos do fumo, os participantes respondem a um questionário cujos resultados possibilitam formar o grupo de expostos e de não expostos. Para controlar possíveis variáveis intervenientes, é preciso, nessa mesma ocasião, certificar-se de que os indivíduos incluídos na amostra não estejam doentes. Especificamente nesse caso, que não sofram de bronquite crônica ou padeçam de outras afecções relacionadas ao hábito de fumar. A existência de doenças dessa natureza levaria a excluí-las da amostra.

Embora o modelo clássico de estudo de coorte considere a exposição como um evento dicotômico (exposto/não exposto), isso nem sempre ocorre na realidade. Por essa razão, convém que a coorte possa ser subdividida segundo diferentes níveis de exposição. Num estudo sobre os efeitos do tabagismo, por exemplo, conviria que os indivíduos selecionados pudessem ser categorizados em diferentes níveis de consumo.

9.1.3 Acompanhamento dos participantes

Uma das indagações mais comuns em relação aos estudos de coorte é a referente ao período em que os participantes devem ser acompanhados. A resposta é simples: pelo tempo suficiente para que possam ser detectados efeitos relevantes. Mas é necessário ter muita clareza acerca dos desfechos. Estes podem ser simples, como, por exemplo, morte ou incidência de enfermidade. Mas também podem ser múltiplos, como os que se referem a enfermidades recorrentes, sintomatologias ou eventos fisiológicos.

O período de seguimento pode envolver anos, meses, semanas ou dias, dependendo da natureza da pesquisa. Por exemplo, se o interesse está em verificar a expectativa de vida de um grupo de pacientes, podem ser requeridos muitos anos. Já um estudo para verificar a morbidade que se segue a alguns tipos de cirurgia de modo geral não requer mais do que algumas semanas ou mesmo dias.

Como delinear um estudo de coorte?

O seguimento da população continua até que ocorra uma das seguintes condições: a) manifestação do desfecho, que pode ser tanto a manifestação quanto a cura da doença (nesse caso, o indivíduo deixa de contribuir para a coorte, mas poderá reingressar caso o evento seja recorrente); b) morte dos sujeitos; c) abandono do estudo; e d) fim do estudo.

Também é importante considerar que as coortes podem ser fixas ou dinâmicas. Fixas são aquelas que por critério definido no planejamento não preveem a inclusão de novos sujeitos após o período fixado para recrutamento. Dinâmicas são aquelas que consideram a entrada e saída de novos sujeitos durante o seguimento. Nesse caso, os sujeitos entram ou saem da coorte quando cumprem critérios de elegibilidade.

9.1.4 Análise e interpretação

A base da análise de um estudo de coorte é a quantificação da variável dependente em ambos os grupos e o cálculo das taxas de ocorrência indicativas do risco de cada grupo. O que se espera é que haja associação positiva entre a exposição e o evento. Ou seja, que a proporção de sujeitos do grupo exposto que desenvolve a enfermidade seja maior do que a proporção do grupo não exposto. Assim, os estudos de coorte geralmente envolvem o cálculo do risco relativo e do risco atribuível. O risco relativo indica quantas vezes o risco é maior num grupo, quando comparado a outro. O risco atribuível indica a diferença das incidências entre os dois grupos, diferença que é atribuída à exposição ao fator de risco.

Em algumas circunstâncias, os estudos de coorte podem requerer técnicas bem mais complexas de análise. Isso pode ocorrer quando efeitos sutis estão sendo investigados. Nesses casos, torna-se conveniente utilizar técnicas de análise multivariada.

9.1.5 Redação do relatório

A redação do relatório dos estudos caso-controle segue os mesmos passos das pesquisas experimentais (ver Capítulo 7).

9.2 Estudos de coorte retrospectivos

Nessa modalidade de estudo, o investigador já tem conhecimento de que tanto a exposição quanto a doença já ocorreram. Assim, os dados de interesse para o estudo devem estar disponíveis em arquivos ou obtidos por anamnese. À medida que dispõe dos dados, o pesquisador pode organizá-los, formando o grupo de expostos e o de não expostos. Então, para cada um dos grupos, calcula a incidência dos efeitos. Tem-se, pois, uma pesquisa de cunho histórico, mas em que se mantém o princípio dos estudos de coorte.

A principal vantagem dos estudos de coorte retrospectivos é a de poderem ser realizados em tempo reduzido, já que não requerem o acompanhamento dos indivíduos pelo pesquisador. Mas esses estudos também apresentam limitações, sobretudo para investigação de doenças de longo período de investigação. Isso porque nem sempre se dispõe de arquivos mantidos em boas condições de utilização. Também porque não há garantia de padronização das anotações. E, ainda, porque dados obtidos por anamnese têm que ser analisados com muitas ressalvas.

Leituras recomendadas

HULLEY, Stephen B.; CUMMINGS, Steven R.; BROWNER, Warren S.; GRADY, Deborah; NEWMAN, Thomas B. *Delineando a pesquisa clínica*: uma abordagem metodológica. 4. ed. Porto Alegre: Artmed, 2015.

O Capítulo 7 desse livro trata das diferentes modalidades de estudos de coorte, discute suas vantagens e limitações e apresenta exemplos de cada um deles.

OLIVEIRA, Therezinha de Freitas Rodrigues. *Pesquisa biomédica*: da procura, do estudo e da estrutura de comunicações científicas. São Paulo: Atheneu, 1995.

O Capítulo 10 desse livro trata dos estudos de coorte, em que são apresentadas as etapas de seus desenvolvimentos e são feitas comparações entre essa modalidade de pesquisa, experimentos e estudos caso-controle.

Exercícios e trabalhos práticos

1. Discuta como a perda de participantes ao longo do seguimento pode comprometer a validade dos resultados de um estudo de coorte.
2. Considere as vantagens e as limitações da utilização dos seguintes procedimentos para coleta de dados em estudos de coorte: dados de registro, questionários de autopreenchimento, entrevistas por telefone, entrevistas pessoais e exames físicos.
3. Discuta a aplicabilidade dos estudos de coorte no estudo do impacto de fatores prognósticos, como, por exemplo, os marcadores tumorais na evolução do câncer.
4. Considere a necessidade de considerar variáveis demográficas e socioeconômicas no planejamento dos estudos de coorte.

10

COMO DELINEAR UM ESTUDO CASO-CONTROLE?

10.1 Etapas do estudo caso-controle

O estudo caso-controle tem objetivo semelhante ao do estudo de coorte: esclarecer a relação entre exposição a um fator de risco e a doença. Difere deste, no entanto, porque é de natureza retrospectiva, ou seja, parte do efeito para elucidar as causas.

De modo geral, os estudos de caso-controle seguem as seguintes etapas:

a) definição dos objetivos;
b) seleção dos participantes;
c) verificação do nível de exposição de cada participante;
d) análise e interpretação dos resultados;
e) redação do relatório.

10.2 Definição dos objetivos

A lógica subjacente a essa modalidade de pesquisa consiste na busca de evidência de que maior exposição entre os sujeitos que constituem os casos em comparação com os controles pode ser caracterizada como fator de risco. O que significa que seus objetivos devem ser apresentados sob a forma de hipóteses, com a definição clara das variáveis independentes e dependentes. A variável dependente é a variável de desfecho, ou seja, referente à doença ou condição que se pretende estudar. Já as variáveis independentes são as preditoras do desfecho, referindo-se, portanto, à exposição ou a qualquer outra característica que se acredite preditora.

10.3 Seleção dos participantes

Os casos devem ser selecionados com base em critérios de inclusão e exclusão previamente estabelecidos, mediante procedimentos diagnósticos sensíveis, para que se tenha uma amostra representativa da população em estudo. Assim, tornam-se mais expressivos os estudos realizados com base populacional, em que se seleciona uma amostra representativa de uma população definida. Todavia, em face da dificuldade de se obterem dados populacionais, muitos estudos são realizados a partir de uma base hospitalar ou institucional. Nessa modalidade, são selecionados apenas os casos detectados nesses hospitais ou estabelecimentos.

Em qualquer das situações, os participantes são escolhidos em função de apresentar características que possibilitem a investigação dos efeitos da exposição na ocorrência da doença. Requer-se, portanto, a seleção de um grupo de indivíduos portadores de uma doença ou condição específica e um grupo de indivíduos que não sofrem da doença ou apresentem essa condição.

Para cada caso é escolhido um controle adequado. O princípio básico é o da máxima semelhança entre casos e controles, exceto no que se refere à doença, pois a principal característica dos controles é a de não ser portador da doença ou da condição em estudo.

Os controles devem, portanto, apresentar idêntica probabilidade de serem expostos ao fator de risco que está sendo investigado.

De modo geral, não é muito difícil a obtenção da amostra adequada de casos, mas a seleção de controles tende a ser mais problemática. Isso porque exige-se dos controles que não sejam portadores da doença ou condição em investigação, mas que pudessem ser incluídas no estudo, caso a tivessem. Por essa razão é que se deve evitar escolher casos em regiões ou ambientes muito diferentes daqueles em que foram escolhidos os casos. Também é muito importante garantir que a mensuração da exposição dos dois grupos seja feita com a mesma precisão.

Com vistas a minimizar os erros decorrentes da seleção dos controles, propõe-se que estes sejam selecionados da mesma maneira que os casos. Quando, por exemplo, os casos forem constituídos por pacientes de hospitais e ambulatórios, os controles poderão ser selecionados na comunidade atendida pelo hospital, ou dentre pacientes hospitalizados em decorrência de outras doenças. Recomenda-se também utilizar o pareamento para garantir que os casos e os controles sejam comparáveis. Assim, escolhe-se, para cada caso, um controle com as mesmas características de idade, sexo, cor da pele, nível socioeconômico, ocupação, ou qualquer outra variável que possa interferir nos resultados.

Também se recomenda selecionar mais de um controle para cada caso, de maneiras diferentes. Assim, poderão ser selecionados vizinhos, pacientes do mesmo serviço etc. Isso porque se a associação for consistente, mediante a utilização de vários tipos de controle, é provavelmente porque essa associação existe na população.

10.4 Verificação do nível de exposição de cada participante

Após a seleção dos casos e dos controles, passa-se à verificação do nível de exposição de cada caso e controle ao fator que se acredita capaz de influenciar na ocorrência da doença ou condição.

Um dos procedimentos mais utilizados para a obtenção das informações é a entrevista. A validade dessas informações, no entanto, pode ser crítica, pois depende em boa parte do tipo de informação requerida, já que as pessoas apresentam diferentes graus de habilidade para se lembrar de acontecimentos. Muitas pessoas podem se sentir aptas para lembrar dos locais em que já viveram, ou dos trabalhos que já executaram, mas podem ter dificuldade para falar de seu comportamento dietético recente. Também é preciso considerar que as pessoas doentes (casos) tendem a se lembrar de possíveis exposições de maneira diferente da dos não doentes (controles).

Algumas estratégias podem ser utilizadas para evitar esses problemas, tais como a utilização de dados obtidos antes da realização da pesquisa, como os disponíveis em prontuários médicos. Também é possível realizar entrevistas com parentes, amigos ou colegas de trabalho. Um procedimento reconhecido como muito útil é a realização da entrevista com investigador "cego", que não tem conhecimento dos objetivos da pesquisa que está sendo realizada. Mas assim como a entrevista com entrevistados igualmente "cegos", este é um procedimento muito difícil de se realizar.

10.5 Análise e interpretação dos resultados

O que interessa num estudo caso-controle é verificar a distribuição das variáveis nos diferentes grupos e calcular o risco dos casos em relação aos controles para os fatores ou variáveis de interesse. Mas, diferentemente do que ocorre com os estudos de coorte, nos estudos caso-controle não se pode estimar diretamente a incidência da enfermidade nos expostos e nos não expostos, visto que os sujeitos são selecionados com base na presença ou ausência de evento de estudo e não pelo *status* da exposição. Assim, enquanto nos estudos de coorte utiliza-se o cálculo do risco relativo e do risco atribuível, nos estudos caso-controle utiliza-se a frequência relativa da exposição entre os casos e os controles, ou seja, dos expostos sobre os não expostos.

Essa medida de frequência relativa é o *odds ratio*, que indica quantas vezes é maior a probabilidade de que os casos tenham estado expostos ao fator em estudo em comparação com os controles. Calculando-se, por sua vez, o intervalo de confiança dessa medida, torna-se possível calcular sua precisão.

10.6 Redação do relatório

A redação do relatório dos estudos caso-controle segue os mesmos passos das pesquisas experimentais (ver Capítulo 7).

Leituras recomendadas

OLIVEIRA, Therezinha de Freitas Rodrigues. *Pesquisa biomédica*: da procura, do achado e da escritura de tese e comunicações científicas. São Paulo: Atheneu, 1995.

O Capítulo 8 é dedicado ao delineamento de estudos transversais e estudos caso-controle. Ênfase especial é conferida aos padrões exigidos para resguardar sua validade.

HULLEY, Stephen B.; CUMMINGS, Steven R.; BROWNER, Warren S.; GRADY, Deborah; NEWMAN, Thomas B. *Delineando a pesquisa clínica*: uma abordagem metodológica. 4. ed. Porto Alegre: Artmed, 2015.

O Capítulo 8 desse livro trata das diferentes modalidades de estudos caso-controle, discute suas vantagens e limitações, e apresenta exemplos de cada um deles.

Exercícios e trabalhos práticos

1. Considere como o pesquisador pode influir nos resultados da pesquisa, introduzindo distorções voluntárias ou involuntárias, quando sabe que o entrevistado é um caso ou um controle.
2. Identifique possíveis dificuldades para avaliar o nível de exposição de indivíduos à contaminação do ar.
3. Identifique problemas éticos que podem ser encontrados em estudos caso-controle.
4. Discuta as vantagens do pareamento nos estudos caso-controle, ou seja, a escolha, para cada caso, de um controle com as mesmas características de idade, sexo, cor da pele, nível social, ocupação etc.

11

COMO DELINEAR UM LEVANTAMENTO?

11.1 Etapas do levantamento

Os levantamentos dos mais diversos tipos (socioeconômicos, psicossociais etc.) desenvolvem-se ao longo de várias etapas. De modo geral, essas fases podem ser definidas na seguinte sequência:

a) especificação dos objetivos;
b) operacionalização dos conceitos e variáveis;
c) elaboração do instrumento de coleta de dados;
d) pré-teste do instrumento;
e) seleção da amostra;
f) coleta e verificação dos dados;
g) análise e interpretação dos dados;
h) redação do relatório.

11.2 Especificação dos objetivos

Os problemas propostos para investigação frequentemente são expressos de maneira bastante geral. Todavia, para que se possa realizar a pesquisa com a precisão requerida, é necessário especificá-los. Os objetivos gerais são pontos de partida, indicam uma direção a seguir, mas, na maioria dos casos, não possibilitam que se parta diretamente para a investigação. Logo, precisam ser redefinidos, esclarecidos, delimitados. Daí a necessidade de formular objetivos específicos.

Os objetivos específicos procuram descrever, com a maior clareza e precisão possível, o que será obtido num levantamento. Enquanto os objetivos gerais referem-se a conceitos mais ou menos abstratos, os específicos referem-se a características que podem ser observadas e mensuradas em determinado grupo.

A especificação dos objetivos é feita pela identificação de todos os dados a serem recolhidos e das hipóteses a serem testadas. Por exemplo, um levantamento tem como objetivo traçar o perfil socioeconômico de determinado grupo. Esse objetivo geral, de certa forma, indica o que se pretende como produto final. Contudo, não foi formulado levando em consideração o que requerem os procedimentos de coleta de dados. Logo, torna-se necessário formular os objetivos específicos, que indicam exatamente os dados que pretende obter.

Assim, os objetivos específicos do levantamento exemplificado poderão verificar como os integrantes do grupo se distribuem em relação a:

a) gênero;
b) idade;
c) estado civil;
d) número de filhos;
e) religião;
f) nível de escolaridade;
g) ocupação profissional;
h) local de residência;
i) nível salarial;
j) posse de automóvel;
k) patrimônio mobiliário.

Em alguns levantamentos, o objetivo é testar hipóteses. Pode ocorrer que se parta de uma hipótese bastante geral. Daí a necessidade de subdividir essa hipótese em sub-hipóteses.

Seja, por exemplo, o caso de uma pesquisa que tenha como objetivo testar a hipótese de que a preferência político-partidária de determinado grupo se relaciona mais a fatores perceptivos que a fatores socioeconômicos. Assim, os objetivos específicos dessa pesquisa poderão ser definidos pelas hipóteses indicadas a seguir, constituídas por variáveis independentes (X) e pela variável dependente (Y):

Observa-se a existência de relação positiva entre preferência político-partidária (Y) e:

$x1$ – gênero;
$x2$ – idade;
$x3$ – estado civil;
$x4$ – nível de escolaridade;
$x5$ – nível de rendimentos;
$x6$ – nível de socialização urbana.

Como delinear um levantamento?

Observa-se a existência de relação positiva entre preferência político-partidária (Y) e:

x1 – *status* social percebido;
x2 – percepção acerca das instituições políticas do capitalismo;
x3 – crença nas instituições democráticas;
x4 – conformismo em relação às desigualdades sociais.

Nesse caso, há duas hipóteses: a primeira, que associa preferência político-partidária a fatores socioeconômicos, e a segunda, a fatores psicossociais. Por serem muito amplas, as hipóteses foram subdivididas.

Deve ficar claro que as hipóteses a serem testadas mediante levantamentos indicam apenas a existência de associação entre variáveis. Qualquer tentativa de atribuir relação causal implicará um delineamento de tipo experimental ou quase experimental.

11.3 Operacionalização dos conceitos e variáveis

Nos levantamentos – como em muitas outras pesquisas –, os conceitos são apresentados como variáveis, ou seja, como atributos sujeitos à variação quantitativa ou qualitativa. Algumas variáveis são concretas, podendo ser facilmente identificadas e mensuradas. É o caso, por exemplo, das variáveis idade, nível de escolaridade e nível de rendimentos. Mas há variáveis que não são passíveis de observação imediata e muito menos de mensuração. É o caso, por exemplo, de "*status* social" e "nível de socialização urbana". Não é possível observar uma pessoa e determinar prontamente a posição que ocupa na sociedade ou em que medida está integrada no modo de vida urbano.

Nesses casos, torna-se necessário operacionalizar as variáveis, ou seja, torná-las passíveis de tratamento empírico e de mensuração. Nesse processo de operacionalização de variáveis, é preciso primeiramente definir teoricamente o conceito. Seja o caso do "*status* socioeconômico". Pode-se definir teoricamente essa variável como a posição de um indivíduo na sociedade, tomando-se como referência a posição de outros indivíduos em relação à sua.

Naturalmente, essa é uma variável bastante complexa, pois a posição de um indivíduo na sociedade envolve muitos aspectos. Assim, para sua operacionalização, torna-se necessário identificar suas dimensões, ou seja, os aspectos específicos do conceito. O *status* social é determinado em parte pela situação econômica do indivíduo, mas também é determinado por sua escolaridade e pelo prestígio da ocupação que exerce. Assim, pode-se estabelecer que a variável "*status* social" envolve três dimensões: econômica, educacional e de prestígio.

A identificação das dimensões torna o conceito de *status* social mais claro. No entanto, requer-se ainda a seleção de indicadores para cada dimensão. Indicador é uma medida geralmente quantitativa que informa acerca de algum aspecto da realidade que está sendo estudada. Assim, a dimensão econômica pode ser medida por indicadores como patrimônio e renda. A dimensão educacional pode ser medida por indicadores como anos de estudo e títulos acadêmicos. A dimensão prestígio ocupacional, que é mais complexa, pode ser indicada pela ocupação exercida, desde que seja conhecido o prestígio relativo dessa ocupação.

Deve ficar claro que as operações a serem realizadas na operacionalização das dimensões de uma variável dependem de sua distância em relação ao plano empírico. Assim, a dimensão educacional enquanto conceito está muito mais próxima da realidade concreta que a dimensão prestígio ocupacional. Tanto é que basta o conhecimento do grau de educação formal de um indivíduo para mensurar a dimensão educacional. Já a mensuração do prestígio ocupacional exigirá a consideração de indicadores diversos, tais como: denominação da ocupação, posição na ocupação, tarefas desempenhadas e escala de prestígio das ocupações no local em que se realiza a mensuração.

Nos casos como o do prestígio ocupacional, que exigem a seleção de diversos indicadores, a mensuração efetiva só se faz mediante a combinação dos valores obtidos pelo indivíduo em cada um dos indicadores propostos. Essa combinação é denominada índice.

A tarefa de seleção dos indicadores exige do investigador muita argúcia e experiência. Ocorre que muitas vezes existem diversos indicadores para a mesma variável, tornando-se difícil selecionar o mais adequado. Em alguns casos, os indicadores tidos como mais apropriados não são fáceis de medir, devendo ser substituídos por outros menos confiáveis, todavia passíveis de medição pelos meios de que dispõe o pesquisador. Também há casos em que os indicadores não se referem exatamente à variável em questão, mas a um aspecto conexo de menor relevância. Para bem decidir acerca dos indicadores é necessário, pois, que o pesquisador tenha procedido a uma boa revisão da literatura pertinente, já que esta tem como uma das principais funções esclarecer conceitos e estabelecer um sistema conceitual.

11.4 Elaboração do instrumento de coleta de dados

11.4.1 Instrumentos usuais

Para a coleta de dados nos levantamentos são utilizadas as técnicas de interrogação: o questionário, a entrevista e o formulário. Por questionário entende-se um conjunto de questões que são respondidas por escrito pelo pesquisado. Entrevista, por sua vez, pode ser entendida como a técnica que envolve duas pessoas numa situação "face a face" e em que uma delas formula questões e a outra responde. Formulário, por fim, pode ser definido como a técnica de coleta de dados em que o pesquisador formula questões previamente elaboradas e anota as respostas.

Convém considerar que o levantamento, por basear-se essencialmente em informações proporcionadas pelos sujeitos da pesquisa, apresentará sempre algumas limitações no que se refere ao estudo das relações sociais mais amplas, sobretudo quando estas envolvem variáveis de natureza institucional. No entanto, essas técnicas mostram-se bastante úteis para a obtenção de informações acerca do que a pessoa "sabe, crê ou espera, sente ou deseja, pretende fazer, faz ou fez, bem como a respeito de suas explicações ou razões para quaisquer das coisas precedentes" (SELLTIZ, 1967, p. 273).

Deve ficar claro que as perguntas sobre fatos são as de mais fácil obtenção. Não há maiores dificuldades para obter dados referentes a gênero, idade, estado civil, número de filhos etc. Em alguns casos, porém, as pessoas podem negar-se a responder a algumas perguntas, temendo consequências negativas, tais como cobrança de impostos ou desprestígio social. Já as perguntas referentes a sentimentos, crenças, padrões de ação, bem como a razões conscientes que os determinam, são mais difíceis de ser respondidas adequadamente. Isso exige esforços redobrados na elaboração do instrumento e, sobretudo, na análise e interpretação dos dados.

Analisando-se cada uma das três técnicas, pode-se verificar que o questionário constitui o meio mais rápido e barato de obtenção de informações, além de não exigir treinamento de pessoal e garantir o anonimato. Já a entrevista é aplicável a um número maior de pessoas, inclusive às que não sabem ler ou escrever. Também, em abono à entrevista, convém lembrar que ela possibilita o auxílio ao entrevistado com dificuldade para responder, bem como a análise do seu comportamento não verbal. O formulário, por fim, reúne vantagens das duas técnicas, mas, em contrapartida, algumas das desvantagens tanto do questionário quanto da entrevista. Embora apresentando limitações, como a de não garantir o anonimato e a de exigir treinamento de pessoal, o formulário torna-se uma das mais práticas e eficientes técnicas de coleta de dados. Por ser aplicável aos mais diversos segmentos da população e por possibilitar a obtenção de dados facilmente tabuláveis e quantificáveis, o formulário constitui hoje a técnica mais utilizada nas pesquisas de opinião e de mercado.

11.4.2 Elaboração do questionário

A elaboração do questionário consiste basicamente em traduzir os objetivos específicos da pesquisa em questões. Não existem normas rígidas a respeito da elaboração do questionário. Todavia, é possível definir algumas regras práticas a esse respeito:

a) as questões devem ser preferencialmente fechadas, mas com alternativas suficientemente exaustivas para abrigar a ampla gama de respostas possíveis;
b) devem ser incluídas apenas as perguntas relacionadas ao problema proposto;
c) não devem ser incluídas perguntas cujas respostas possam ser obtidas de forma mais precisa por outros procedimentos;
d) devem-se levar em conta as implicações da pergunta com os procedimentos de tabulação e análise dos dados;
e) devem ser evitadas perguntas que penetrem na intimidade das pessoas;
f) as perguntas devem ser formuladas de maneira clara, concreta e precisa;
g) deve-se levar em consideração o sistema de referência do entrevistado, bem como seu nível de informação;
h) a pergunta deve possibilitar uma única interpretação;
i) a pergunta não deve sugerir respostas;
j) as perguntas devem referir-se a uma única ideia de cada vez;
k) o número de perguntas deve ser limitado;
l) o questionário deve ser iniciado com as perguntas mais simples e finalizado com as mais complexas;
m) as perguntas devem ser dispersadas sempre que houver possibilidade de "contágio";

n) convém evitar as perguntas que provoquem respostas defensivas, estereotipadas ou socialmente indesejáveis, que acabam por encobrir sua real percepção acerca do fato;

o) deve ser evitada a inclusão de palavras estereotipadas, bem como a menção a personalidades de destaque, que podem influenciar as respostas, tanto em sentido positivo quanto negativo;

p) cuidados especiais devem ser tomados em relação à apresentação gráfica do questionário, tendo em vista facilitar seu preenchimento;

q) o questionário deve conter uma introdução que informe acerca da entidade patrocinadora, das razões que determinaram a realização da pesquisa e da importância das respostas para atingir seus objetivos;

r) o questionário deve conter instruções acerca do correto preenchimento das questões, preferencialmente com caracteres gráficos diferenciados.

11.4.3 Condução da entrevista

É fácil verificar como, entre todas as técnicas de interrogação, a entrevista é a que apresenta maior flexibilidade. Tanto é que pode assumir as mais diversas formas. Pode caracterizar-se como *informal*, quando se distingue da simples conversação apenas por ter como objetivo básico a coleta de dados. Pode ser *focalizada* quando, embora livre, enfoca tema bem específico, cabendo ao entrevistador esforçar-se para que o entrevistado retorne ao assunto após alguma digressão. Pode ser *parcialmente estruturada*, quando é guiada por relação de pontos de interesse que o entrevistador vai explorando ao longo de seu curso. Pode ser, enfim, *totalmente estruturada*, quando se desenvolve a relação fixa de perguntas. Nesse caso, a entrevista confunde-se com o formulário.

Nos levantamentos que se valem da entrevista como técnica de coleta de dados, esta assume forma mais ou menos estruturada. Mesmo que as respostas possíveis não sejam fixadas previamente, o entrevistador guia-se por algum tipo de roteiro, que pode ser memorizado ou registrado em folhas próprias.

A realização de entrevistas de pesquisa é muito mais complexa que entrevistas para fins de aconselhamento ou seleção de pessoal. Isso porque a pessoa escolhida não é a solicitante. Logo, o entrevistador constitui a única fonte de motivação adequada e constante para o entrevistado. Por essa razão, a entrevista nos levantamentos deve ser desenvolvida a partir de estratégia e tática adequadas.

A estratégia para a realização de entrevistas em levantamentos deve considerar duas etapas fundamentais: a especificação dos dados que se pretendem obter e a escolha e formulação das perguntas.

Com relação à primeira etapa, cabe lembrar que, com muita frequência, comete-se o erro de colocar o problema de maneira muito ampla. Por exemplo, caso se deseje pesquisar a atitude da população em relação à greve, não basta informar-se acerca da opinião a esse respeito. É necessário obter informações sobre a atitude em relação à greve de modo geral, sobre as greves reivindicatórias, sobre as greves com fins políticos, sobre a conveniência de se decidir pela greve geral etc. Isso significa estabelecer as relações possíveis entre as múltiplas variáveis que interferem no problema.

Com relação à segunda etapa, qual seja a de escolha das perguntas, convém que se considerem diversos aspectos, tais como:

a) as questões devem ser diretas (por exemplo: "O que você acha da maconha?") ou indiretas (por exemplo: "Seus amigos são favoráveis à maconha?")?;
b) as respostas devem ser livres ou devem ser indicadas alternativas?;
c) as perguntas propostas são realmente importantes?;
d) as pessoas possuem conhecimentos suficientes para responder às perguntas?;
e) as perguntas não sugerem respostas?;
f) as perguntas não estão elaboradas de forma a sugerir respostas num contexto demasiado pessoal?;
g) as perguntas não podem provocar resistências, antagonismos ou ressentimentos?;
h) as palavras empregadas apresentam significação clara e precisa?;
i) as perguntas não orientam as respostas em determinadas direções?;
j) as perguntas não estão ordenadas de maneira tal que os pesquisados sejam obrigados a grandes esforços mentais?

Como se pode verificar, muitos dos cuidados a serem tomados na preparação da entrevista são os mesmos do questionário. Entretanto, é necessário considerar que na entrevista o pesquisador está presente e, da mesma forma como pode auxiliar o entrevistado, pode igualmente inibi-lo a ponto de prejudicar seus objetivos. Daí por que a adequada realização de uma entrevista envolve, além da estratégia, uma tática, que depende fundamentalmente das habilidades do entrevistador. Dentre as habilidades mais requeridas, estão: capacidade para reestruturar o tema, clareza, gentileza, sensibilidade, abertura, direção, crítica, memória e capacidade de interpretação (BRINKMANN; KVALE, 2018). Também é necessário que o entrevistador conheça bem o assunto e esteja devidamente informado acerca dos objetivos da pesquisa.

É altamente desejável que a entrevista seja gravada. Todavia, só se pode gravar com autorização do entrevistado. Gravar sem permissão constitui grave infração ética. Independentemente da forma de registro, convêm fazer anotações, principalmente em relação às reações do entrevistado às perguntas que são feitas. Atentar para a expressão não verbal do entrevistado também poderá ser de grande utilidade na análise da qualidade das respostas.

11.4.4 Aplicação do formulário

Como já foi lembrado, o formulário enquanto técnica de coleta de dados situa-se entre o questionário e a entrevista. Pode ser definido como modalidade de questionário aplicado com entrevista. Logo, sua adequada aplicação exige que se considerem as recomendações referentes tanto à elaboração do questionário quanto à condição da entrevista.

Já foi lembrado, também, que o formulário, em virtude de suas características, constitui a técnica mais adequada para a coleta de dados em pesquisas de opinião pública e de mercado. Há que se considerar, entretanto, que, em virtude de suas características, o formulário tem alcance limitado, não possibilitando a obtenção de dados com maior profundidade. Por outro lado, em virtude do tipo de pesquisa em que é utilizado, o formulário, com frequência, é aplicado em condições não muito favoráveis, como, por exemplo: junto a uma fila de ônibus, à porta de uma residência, à saída de um cinema etc.

Quase todas as recomendações feitas com relação à elaboração do questionário valem, igualmente, para o formulário. Há que se considerar, todavia, que, na aplicação deste, o pesquisador está presente e é ele que registra as respostas. Da mesma forma, os cuidados a serem tomados na condução da entrevista devem ser observados na aplicação do formulário. Ao fazer as perguntas, o pesquisador deve, ainda, ter a preocupação de formulá-las exatamente como se encontram redigidas. Caso uma pergunta não seja entendida, o melhor é repeti-la, evitando as explicações pessoais.

11.5 Pré-teste dos instrumentos

Tão logo o questionário (ou o formulário) estejam redigidos, passa-se a seu pré-teste, ou seja, à sua aplicação na versão preliminar. Sua finalidade é identificar perguntas problemáticas, que justifiquem modificação da redação, alteração do formato ou mesmo sua eliminação na redação final.

O primeiro passo no pré-teste do questionário consiste em selecionar indivíduos pertencentes ao grupo que se pretende estudar. Seu número pode ser bastante restrito: entre 10 e 20, independentemente da quantidade de elementos que compõem a amostra a ser pesquisada. É necessário que esses indivíduos sejam típicos em relação ao universo pesquisado e que aceitem dedicar mais tempo para responder às questões do que os que serão escolhidos para o levantamento propriamente dito.

Em seguida, os questionários são entregues aos indivíduos selecionados. Procede-se à contagem de tempo dispendido para resposta e, mais tarde, cada indivíduo é entrevistado. Nessa entrevista, procura-se verificar se os indivíduos tiveram dificuldade para responder ao questionário, que perguntas lhes pareceram difíceis, se alguma lhes provocou constrangimento, se algum termo lhes pareceu confuso etc. Ou seja, procura-se identificar todos os aspectos relacionados ao conteúdo ou à forma das perguntas que possam tornar o questionário adequado à coleta de dados.

Os aspectos mais importantes a serem considerados no pré-teste são:

a) *Clareza e precisão dos termos.* Os termos mais adequados são os que não necessitam de explicação. Quando os pesquisados necessitarem de explicações adicionais, será necessário procurar, com eles, termos mais adequados.

b) *Quantidade de perguntas.* Se os entrevistados derem mostra de cansaço ou de impaciência, é provável que o número de perguntas seja excessivo, cabendo reduzi-lo.

c) *Forma das perguntas.* Pode ser conveniente fazer uma mesma pergunta sob duas formas diferentes, com o objetivo de sondar a reação dos pesquisados a cada uma delas.

Como delinear um levantamento?

d) *Ordem das perguntas*. No pré-teste, pode-se ter uma ideia do possível contágio que uma pergunta exerce sobre outra, bem como acerca do local mais conveniente para incluir uma pergunta delicada etc.
e) *Introdução*. Mediante a análise das indagações feitas pelo entrevistado, de suas inquietações e de suas resistências, seleciona-se a melhor fórmula de introdução a ser utilizada quando ocorrer a aplicação do instrumento.

11.6 Seleção da amostra

De modo geral, os levantamentos abrangem um universo de elementos tão grande que se torna impossível considerá-los em sua totalidade. Por essa razão, o mais frequente é trabalhar com uma amostra, ou seja, com uma pequena parte dos elementos que compõem o universo. Quando essa amostra é rigorosamente selecionada, os resultados obtidos no levantamento tendem a aproximar-se bastante dos que seriam obtidos caso fosse possível pesquisar todos os elementos do universo. E, com o auxílio de procedimentos estatísticos, torna-se possível até mesmo calcular a margem de segurança dos resultados obtidos.

11.6.1 Tipos de amostragem

A amostragem nos levantamentos sociais pode assumir formas diversas, em função do tipo de população, de sua extensão dar condições materiais para realização da pesquisa etc. Os tipos mais utilizados são os seguintes:

a) *Amostragem aleatória simples*

Consiste basicamente em atribuir a cada elemento do universo um número único para, depois, selecionar alguns desses elementos de maneira casual. Para realizar essa seleção são utilizadas as tábuas de números aleatórios, que estão disponíveis na maioria dos livros de Estatística Descritiva, mas que também podem ser geradas por programas estatísticos, como o Excel.

Esse procedimento, embora seja o que mais se ajusta aos princípios da teoria das probabilidades, nem sempre é o de mais fácil aplicação, sobretudo porque exige que se atribua a cada elemento da população um número único. Além disso, despreza o conhecimento prévio da população que porventura o pesquisador possa ter.

b) *Amostragem sistemática*

É uma variação da amostragem aleatória simples. Sua aplicação requer que a população seja ordenada de modo tal que cada um de seus elementos possa ser unicamente identificado pela posição. Apresenta condições para satisfação desse requisito uma população identificada a partir de uma lista que englobe todos os seus elementos, uma fila de pessoas ou o conjunto de candidatos a um concurso identificados pela ficha de inscrição.

Para efetuar a escolha da amostra, procede-se à seleção de um ponto de partida aleatório entre 1 e o inteiro mais próximo à razão da amostragem (o número de elementos da população pelo número de elementos da amostra – N/n). A seguir, selecionam-se itens em intervalos de amplitude N/n.

A composição da amostra por esse processo é bastante simples. Todavia, só é aplicável aos casos em que se possa previamente identificar a posição de cada elemento num sistema de ordenação da população.

c) *Amostragem estratificada*

Caracteriza-se pela seleção de uma amostra de cada subgrupo da população considerada. O fundamento para delimitar os subgrupos ou estratos pode ser encontrado em propriedades como gênero, idade ou classe social. Muitas vezes, essas propriedades são combinadas, originando uma matriz de classificação. Por exemplo, quando se combinam homem e mulher com "maior de 18 anos" e "menor de 18 anos", resultam quatro estratos: "homem menor de 18 anos", "mulher menor de 18 anos", "homem maior de 18 anos" e "mulher maior de 18 anos".

A amostragem estratificada pode ser proporcional ou não proporcional. No primeiro caso, seleciona-se de cada grupo uma amostra aleatória que seja proporcional à extensão de cada subgrupo determinado por alguma propriedade tida como relevante. Por exemplo, se uma população é formada por 70% de homens e 30% de mulheres, então a amostra deverá obedecer às mesmas proporções no que se refere ao sexo. Esse tipo de amostragem tem como principal vantagem o fato de assegurar representatividade em relação às propriedades adotadas como critério para estratificação.

No caso da amostragem estratificada não proporcional, a extensão das amostras dos vários estratos não é proporcional à extensão desses estratos em relação ao universo. Há situações em que esse procedimento é o mais adequado, particularmente naquela em que se tem interesse na comparação entre os vários estratos.

d) *Amostragem por conglomerados*

É indicada em situações em que é bastante difícil a identificação de seus elementos. É o caso, por exemplo, de pesquisas cuja população seja constituída por todos os habitantes de uma cidade. Em casos desse tipo, é possível proceder-se à seleção da amostra a partir de conglomerados. Conglomerados típicos são quarteirões, famílias, organizações, edifícios, fazendas etc.

Por exemplo, no levantamento da população de uma cidade, pode-se dispor de um mapa indicando cada um dos quarteirões. Torna-se possível, então, colher uma amostra de quarteirões e fazer a contagem de todas as pessoas que residem naqueles quarteirões. A partir dessa contagem é possível selecionar aleatoriamente os elementos que comporão a amostra.

e) *Amostragem por cotas*

Esse tipo de amostragem é muito utilizado em pesquisas eleitorais e de mercado, tendo como principal vantagem seu baixo custo. De modo geral, é desenvolvida em três fases: 1) classificação da população em função de propriedades tidas como relevantes para o fenômeno a ser estudado; 2) determinação da proporção da população a ser colocada em cada classe com base na constituição conhecida ou presumida da população; e 3) fixação de cotas para cada entrevistador encarregado de selecionar elementos da população a ser pesquisada de modo tal que a amostra total seja composta em observância à proporção das classes consideradas.

11.6.2 Determinação do tamanho da amostra

Para que os dados obtidos num levantamento sejam significativos, é necessário que a amostra seja constituída por um número adequado de elementos. A estatística dispõe de procedimentos que possibilitam estimar esse número. Para tanto, são realizados cálculos diversos. Entretanto, uma razoável estimativa pode ser feita consultando-se a Tabela 11.1.

Essa tabela fornece o tamanho da amostra adequada para um nível de confiança de 95% (que em termos estatísticos corresponde a dois desvios-padrões). As várias colunas, por sua vez, indicam o número de elementos a serem selecionados com as respectivas margens de erro.

Tabela 11.1 Tabela para determinar a amplitude de uma amostra tirada de uma população finita com margens de erro de 1%, 2%, 3%, 4%, 5% e 10% na hipótese de $p = 0,5$. Coeficiente de confiança de 95,5%.

Amplitude da população	± 1%	± 2%	± 3%	± 4%	± 5%	± 10%
....	–	–	–	–	222	83
1 000	–	–	–	385	286	91
1 500	–	–	638	441	316	94
2 000	–	–	714	476	333	95
2 500	–	1 250	769	500	345	96
3 000	–	1 364	811	517	353	97
3 500	–	1 458	843	530	359	97
4 000	–	1 538	870	541	364	98
4 500	–	1 607	891	549	367	98
5 000	–	1 667	909	556	370	98
6 000	–	1 765	938	566	375	98
7 000	–	1 842	949	574	378	99
8 000	–	1 905	976	480	381	99
9 000	–	1 957	989	584	383	99
10 000	5 000	2 000	1 000	488	383	99
15 000	6 000	2 143	1 034	600	390	99
20 000	6 667	2 222	1 053	606	392	100
25 000	7 143	2 273	1 064	610	394	100
50 000	8 333	2 381	1 087	617	397	100
100 000	9 091	2 439	1 099	621	398	100
∞	10 000	2 500	1 111	625	400	100

p = proporção dos elementos portadores do caráter considerado. Se p é < 0,5, a amostra pedida é menor. Nesse caso, determina-se o tamanho da amostra, multiplicando-se o dado que aparece na tabela por 4 $[p(1 - p)]$.

Fonte: ARKIN, H.; COLTON, R. *Apud* TAGLIACARNE, G. *Pesquisa de mercado*. São Paulo: Atlas, 1976. p. 176.

11.7 Coleta e verificação dos dados

Para que os dados da pesquisa sejam livres de erros introduzidos pelos pesquisadores, ou por outras pessoas, é necessário supervisionar rigorosamente a coleta de dados. É preciso garantir que os pesquisadores sejam competentes e não coletem dados enviesados e, à medida que estes forem sendo coligidos, examiná-los para verificar se estão completos, claros, coerentes e precisos.

Pode ser conveniente selecionar alguns dos elementos já pesquisados e reaplicar o instrumento. À medida que se verifica alguma discrepância, é conveniente discuti-la com o primeiro pesquisador. Por meio dessa discussão, será possível verificar se houve lapso no preenchimento ou incapacidade do pesquisador na obtenção dos dados. Assim, torna-se possível controlar muitas das deformações introduzidas durante a coleta de dados.

11.8 Análise e interpretação dos dados

O processo de análise dos dados envolve diversos procedimentos: codificação das respostas, tabulação dos dados e cálculos estatísticos. Após, ou juntamente com a análise, pode ocorrer também a interpretação dos dados, que consiste, fundamentalmente, em estabelecer a ligação entre os resultados obtidos com outros já conhecidos, quer sejam derivados de teorias, quer sejam de estudos realizados anteriormente.

Embora todos esses procedimentos só se efetivem após a coleta dos dados, convém, por razões de ordem técnica ou econômica, que a análise seja minuciosamente planejada antes de serem coletados os dados. Dessa maneira, o pesquisador pode evitar trabalho desnecessário, como, por exemplo, elaborar tabelas que não serão utilizadas, ou, então, refazer outras tabelas em virtude da não inclusão de dados importantes.

No referente à codificação dos dados, convém que se defina se esta será realizada antes ou depois da etapa da coleta. Quando se decide pela pré-codificação, a elaboração do questionário ou do formulário exige que se considerem os campos próprios para esse fim. Quando se decide pela pós-codificação, o que é usual quando são exigidos julgamentos complexos acerca dos dados, torna-se necessário definir esses critérios.

É conveniente também uma definição prévia acerca do procedimento a ser utilizado para tabulação, sobretudo porque o desenvolvimento dessa tarefa tem muito a ver com o orçamento da pesquisa. Quando se decide pela tabulação eletrônica, os custos tendem a ser altos. Por outro lado, quando se tem amostra bastante numerosa e grande quantidade de dados, a tabulação eletrônica torna-se necessária para garantir sua efetiva análise num espaço de tempo razoável.

Por fim, na análise dos dados há necessidade de cálculos estatísticos. Em todos os levantamentos, há que calcular percentagens, médias, correlações etc. Esses procedimentos estão intimamente relacionados com os objetivos da pesquisa. Por tal razão, não há como deixar de considerá-los quando ocorrer seu planejamento.

11.9 Redação do relatório

O levantamento é uma modalidade de pesquisa que pode servir para o alcance de objetivos tanto acadêmicos quanto profissionais. Assim, o relatório pode assumir diferentes formatos. Quando a pesquisa tem propósitos rigorosamente científicos, o relatório é elaborado de forma semelhante ao da pesquisa experimental, abrangendo, portanto, as seções: introdução (envolvendo problematização do tema, contextualização, delimitação e justificativa da realização da pesquisa, com a indicação de seus potenciais benefícios), revisão bibliográfica (envolvendo sistema conceitual, fundamentação teórica e estágio atual do conhecimento a respeito do tema), apresentação dos resultados, discussão dos resultados e conclusão. Quando, porém, é realizado com propósitos profissionais, como ocorre com as pesquisas de mercado, sua elaboração torna-se mais simples. Nesses casos, elabora-se uma curta introdução, apresentam-se informações básicas acerca da maneira como foi realizada a pesquisa (com ênfase na seleção e extração da amostra) e parte-se para a apresentação dos resultados, com ênfase nos aspectos quantitativos.

Leituras recomendadas

FOWLER JR., Floyd J. *Pesquisa de levantamento*. Porto Alegre: Penso, 2011.

Trata de todo o processo de elaboração de levantamentos de campo, envolvendo: amostragem, métodos de coleta de dados, formulação de questões, análise dos dados, problemas éticos etc.

VIEIRA, Sônia. *Como elaborar questionários*. São Paulo: Atlas, 2009.

Esse livro aborda as etapas da construção de um questionário. Mostra como redigir as questões e como propor alternativas de resposta. Mostra, ainda, como escolher os respondentes e como testar os questionários. Todas as explicações são acompanhadas de exemplos.

Exercícios e trabalhos práticos

1. Convém que os projetos de pesquisa a seguir sejam desenvolvidos como levantamentos?
    a) Projeto de pesquisa acerca das contribuições de cientistas brasileiros na área de microbiologia.
    Sim ( )   Não ( )
    Se não, por quê? ....
    ....
    b) Projeto de pesquisa sobre a idade média dos eleitores brasileiros.
    Sim ( )   Não ( )
    Se não, por quê? ....
    ....

c) Projeto de pesquisa sobre a opinião dos professores acerca dos livros "descartáveis".
Sim ( )   Não ( )
Se não, por quê? ....
....

d) Projeto de pesquisa da preferência político-partidária dos eleitores brasileiros.
Sim ( )   Não ( )
Se não, por quê? ....
....

e) Projeto de pesquisa acerca do ajustamento do trabalho em indústrias de migrantes oriundos da zona rural.
Sim ( )   Não ( )
Se não, por quê? ....
....

2. Examine diversos questionários e procure classificar as questões em dois grupos: objetivas (que tratam de características concretas dos respondentes) e perceptivas (que se referem a suas opiniões, valores etc.).

3. Dos cinco projetos do exercício 1, três correspondem a levantamentos. Defina para cada um destes o universo a ser pesquisado, bem como o tipo de amostragem mais adequado.

4. Qual dos enunciados a seguir menos induz a uma resposta?
   a) Você é contra a legalização do aborto?
   b) Você aprova a legalização do aborto?
   c) Qual sua opinião acerca da legalização do aborto?
   d) Você não aprova a legalização do aborto?
   e) Você é contra a legalização do aborto, ou não?

12

COMO DELINEAR UM ESTUDO DE CASO?

12.1 Etapas do estudo de caso

Diferentemente do que ocorre com outros delineamentos, como o experimento e o levantamento, as etapas do estudo de caso não se dão numa sequência rígida. Seu planejamento tende a ser mais flexível e com frequência; o que foi desenvolvido numa etapa determina alterações na seguinte. Mas é possível definir um conjunto de etapas que, não necessariamente nessa ordem, são seguidas na maioria das pesquisas definidas como estudos de caso:

a) formulação do problema ou das questões de pesquisa;
b) definição das unidades-caso;
c) seleção dos casos;
d) elaboração do protocolo;
e) coleta de dados;
f) análise e interpretação dos dados;
g) redação do relatório.

12.1.1 Formulação do problema ou das questões de pesquisa

Como qualquer pesquisa, o estudo de caso inicia-se com a formulação de um problema. Mas há autores que evitam mencionar esse termo em seus estudos, dando preferência a questões de pesquisa. Porque *problema* seria um termo mais adequado aos estudos quantitativos, que conduzem à definição de metas ou objetivos específicos ou à construção de hipóteses. Também porque os problemas de pesquisa são geralmente apresentados como declarações interrogativas, que se iniciam por um "por que", sugerindo o teste de verificação de relações causa-efeito, de uma pesquisa aberta e abrangente. Embora Yin (2013) reconheça a adequação de questões do tipo "por que" também aos estudos de caso. Não seriam adequadas questões do tipo "quem", "onde", "quanto" e "quantos", que sugerem a realização de levantamentos de campo e pesquisas baseadas em dados de arquivo.

12.1.2 Definição da unidade-caso

Em sua acepção clássica, a unidade-caso refere-se a um indivíduo num contexto definido. Por exemplo, um paciente de transplante de coração durante e seis meses após a cirurgia, no contexto de sua família e do hospital. A amplitude desse conceito, no entanto, ampliou-se, a ponto de poder referir-se a uma família ou qualquer grupo social, uma organização, uma comunidade, uma nação ou mesmo toda uma cultura.

A definição da unidade-caso depende dos propósitos da pesquisa. Cabe distinguir primeiramente entre estudos de caso único e de casos múltiplos. O *estudo de caso único* refere-se a um indivíduo, um grupo, uma organização, um fenômeno etc. Constitui a modalidade mais tradicional de estudo de caso, embora não seja atualmente a mais frequente.

Podem ser identificadas diferentes modalidades de estudos de caso único: 1) *caso raro*, que se refere a comportamentos e situações sociais que, por serem muito raros, merecem ser estudados; 2) *caso crucial*, utilizado quando se deseja confirmar, contestar ou estender uma teoria; 3) *caso revelador*, que ocorre quando um pesquisador tem a oportunidade de observar e analisar um fenômeno inacessível a outros pesquisadores; 4) *caso típico*, que tem o propósito de explorar ou descrever objetos que, em função de informação prévia, pareça ser a melhor expressão do tipo ideal da categoria; 5) *caso extremo*, que tem como vantagem poder oferecer uma ideia da situação limite em que um fenômeno pode se manifestar; e 6) *caso discrepante*, que "passa dos limites" (YIN, 2013).

Os casos únicos podem ser intrínsecos ou instrumentais (STAKE, 1995). O caso intrínseco é selecionado porque o pesquisador pretende conhecê-lo em profundidade, sem qualquer preocupação com o desenvolvimento de qualquer teoria. Já o estudo de caso instrumental é selecionado com o propósito de aprimorar o conhecimento de determinado fenômeno ou mesmo do desenvolvimento de teorias.

O estudo de *casos múltiplos* (ou *coletivos*, para Stake) é aquele em que o pesquisador estuda conjuntamente mais de um caso para investigar determinado fenômeno. Não pode ser confundido, no entanto, com estudo de caso único, que apresenta múltiplas unidades de análise. Quando, por exemplo, o caso em estudo refere-se a uma universidade e são estudadas as faculdades que o compõem, estas constituem unidades de análise e não casos.

12.1.3 Seleção dos casos

A lógica da escolha dos casos não é da amostragem estatística. Tem mais a ver com a lógica dos procedimentos experimentais, especificamente com o método de concordância (MILL, 1979), que estabelece que quando dois ou mais casos de um mesmo fenômeno têm uma e somente uma condição em comum, essa condição pode ser considerada a causa (ou efeito) do fenômeno. Assim, quando se aplica essa lógica aos estudos de casos múltiplos, o que cabe é selecionar os casos de forma tal que prevejam resultados semelhantes. Ou que produzam resultados diferentes por alguma razão previsível.

Uma importante contribuição à seleção da amostra nos estudos de caso é a amostragem teórica. À medida que diferentes conceitos vão emergindo, o pesquisador inclui novos casos e o processo se conclui com a saturação teórica, que ocorre quando a inclusão de novos elementos já não é mais suficiente para alterar o conhecimento do fenômeno (GLASER; STRAUSS, 1967).

12.1.4 Determinação das técnicas de coleta de dados

Os estudos de caso requerem a utilização de múltiplas técnicas de coleta de dados. Isso é importante para garantir a profundidade necessária ao estudo e a inserção do caso em seu contexto, bem como para conferir maior credibilidade aos resultados. Mediante procedimentos diversos é que se torna possível a triangulação, que contribui para obter a corroboração do fato ou do fenômeno.

Os estudos de caso executados com rigor requerem a utilização de fontes documentais, entrevistas e observações. Considere-se, por exemplo, um estudo que tenha como propósito analisar a atuação de um sindicato de trabalhadores. Poderiam ser analisados documentos elaborados pelo próprio sindicato, como atas de reunião da diretoria, *folders*, jornais e cartilhas e também documentos elaborados por outras organizações. Como documentos poderiam ser considerados também outros artefatos físicos, como faixas, distintivos e camisetas. Também poderiam ser entrevistados dirigentes do sindicato, funcionários e trabalhadores filiados, bem como ex-dirigentes e sindicalistas que se opõem à atual gestão. Seria interessante, ainda, observar sindicalistas em ação, tanto em assembleias da categoria quanto em manifestações em lugares públicos e no interior das empresas.

12.1.5 Elaboração do protocolo

O protocolo é o documento que trata de todas as decisões importantes a serem tomadas ao longo do processo de pesquisa. Não apenas esclarece acerca dos procedimentos a serem adotados na coleta de dados, mas subsidia as tomadas de decisão, que são constantes ao longo de todas as etapas do estudo de caso.

Não existe um modelo fixo para elaboração do protocolo, mas recomenda-se que seja subdividido em partes, tais como as que se seguem:

- *Dados de identificação*. Título do projeto, nome do responsável, entidade patrocinadora, período de realização e local de realização.

- *Introdução.* Relevância teórica e prática do estudo, justificativa de sua realização, identificação de seus potenciais beneficiários e a sua circunscrição espacial e temporal.
- *Trabalho de campo.* Definição de organizações e pessoas que constituirão objeto da pesquisa; definição de estratégias para obtenção de acesso a organizações e a informantes; agenda para as atividades de coleta de dados e modelo do *Termo de Consentimento Livre e Esclarecido*, quando for necessário.
- *Questões específicas.* Questões a serem utilizadas na coleta de dados, que são baseadas no problema ou nas questões mais amplas de pesquisa.
- *Previsão de análise dos dados.* Indicação dos procedimentos analíticos.
- *Guia para elaboração do relatório.* Indicação acerca da forma com que serão comunicados os resultados da pesquisa.

12.2 Coleta de dados

Na maioria dos estudos de caso, a coleta de dados é feita mediante entrevistas, observação e análise de documentos, embora muitas outras técnicas possam ser utilizadas.

12.2.1 Entrevistas

A entrevista requer a tomada de múltiplos cuidados em sua condução, tais como:

a) *Definição da modalidade de entrevista*, que pode ser: aberta (com questões e sequência predeterminadas, mas com ampla liberdade para responder), guiada (com formulação e sequência definidas no curso da entrevista), por pautas (orientadas por uma relação de pontos de interesse que o entrevistador vai explorando ao longo de seu curso) ou informal (que se confunde com a simples conversação).

b) *Quantidade de entrevistas.* As entrevistas devem ser em número suficiente para que se manifestem todos os atores relevantes. Mesmo que a pesquisa se refira a um caso único, como uma empresa, este pode envolver múltiplas unidades de análise, como os seus departamentos, por exemplo, exigindo, portanto, maior quantidade de entrevistados.

c) *Seleção dos informantes.* Devem ser selecionadas pessoas que estejam articuladas cultural e sensitivamente com o grupo ou organização. Em uma empresa, por exemplo, pode ser importante selecionar, além dos dirigentes, empregados, clientes, fornecedores etc.

d) *Negociação da entrevista.* Como as pessoas, de modo geral, não têm uma razão pessoal forte para fornecer as respostas desejadas, recomenda-se estabelecer tipo de contrato em que são esclarecidos os objetivos da entrevista e definidos os papéis das duas partes.

12.2.2 Observação

Enquanto técnica de pesquisa, a observação pode assumir pelo menos três modalidades: espontânea, sistemática e participante. Na observação espontânea, o pesquisador, permanecendo alheio à comunidade, grupo ou situação que pretende estudar, observa os fatos que aí ocorrem. É adequada aos estudos exploratórios, já que favorece a aproximação do pesquisador com o fenômeno pesquisado.

A observação sistemática é adequada para estudos de caso descritivos. Ao se decidir pela adoção dessa modalidade, o pesquisador sabe quais os aspectos da comunidade, da organização ou do grupo são significativos para alcançar os objetivos pretendidos. Assim, ele se torna capaz de elaborar um plano de observação para orientar a coleta, análise e interpretação dos dados.

A observação participante consiste na participação real do pesquisador na vida da comunidade, da organização ou do grupo em que é realizada a pesquisa. O observador assume, pelo menos até certo ponto, o papel de membro do grupo.

12.2.3 Documentos

A consulta a fontes documentais é imprescindível em qualquer estudo de caso. Considere-se, por exemplo, que num estudo referente a determinada organização, mediante a consulta a documentos, torna-se possível obter informações referentes à sua estrutura e organização, à descrição dos cargos e funções, aos critérios adotados no recrutamento e seleção de pessoal etc. Essas informações podem auxiliar na elaboração das pautas para entrevistas e dos planos de observação. Sem contar que à medida que dados importantes estejam disponíveis, não haverá necessidade de procurar obtê-los mediante interrogação, a não ser que se queira confrontá-los.

Dentre as principais fontes documentais que podem interessar aos pesquisadores estão: 1) documentos pessoais; 2) documentos administrativos; 3) material publicado em jornais e revistas; 4) publicações de organizações; 5) documentos disponibilizados pela internet; 6) registros cursivos; e 7) artefatos físicos e vestígios.

12.3 Análise e interpretação dos dados

Ao contrário de outros delineamentos já considerados, a análise e interpretação é um processo que nos estudos de caso se dá simultaneamente à sua coleta. A rigor, a análise se inicia com a primeira entrevista, a primeira observação e a primeira leitura de um documento.

Em virtude da multiplicidade de enfoques analíticos que podem ser adotados nos estudos de caso, fica difícil definir a sequência de etapas a serem seguidas no processo de análise e interpretação dos dados. É possível, no entanto, identificar algumas etapas que são seguidas na maioria dos estudos de casos, ainda que de forma não sequencial.

12.3.1 Codificação dos dados

Consiste basicamente em atribuir uma designação aos conceitos relevantes que são encontrados nos textos dos documentos, na transcrição das entrevistas e nos registros de observações. Graças a essa codificação é que os dados podem ser categorizados, comparados e ganhar significado ao longo do processo analítico.

12.3.2 Estabelecimento de categorias analíticas

Essas categorias são conceitos que expressam padrões que emergem dos dados e são utilizadas com o propósito de agrupá-los de acordo com a similitude que apresentam.

O estabelecimento de categorias dá-se geralmente pela comparação sucessiva dos dados. À medida que estes são comparados entre si, vão sendo definidas unidades de dados. Unidades de dados são segmentos de dados aos quais é possível atribuir um significado, e são identificadas quando se verifica que existe algo em comum entre os dados.

12.3.3 Exibição dos dados

A forma tradicional de análise dos estudos de caso consiste na identificação de alguns tópicos-chave e na consequente elaboração de um texto discursivo. É recomendável, no entanto, a elaboração de instrumentos analíticos para organizar, sumarizar e relacionar os dados. Dentre os instrumentos, os mais utilizados são as matrizes e os diagramas. As matrizes são arranjos constituídos por linhas e colunas que possibilitam rapidamente o estabelecimento de comparações entre os dados. Os diagramas são representações gráficas por meio de figuras geométricas, como pontos, linhas e áreas, de fatos, fenômenos e das relações entre eles (MILES; HUBERMAN; SALDAÑA, 2014).

12.3.4 Busca de significados

Os estudos de caso exigem do pesquisador muito mais habilidades, quando comparados a pesquisas quantitativas. Suas habilidades analíticas é que definem em boa parte a qualidade dos achados da pesquisa, já que as tarefas analíticas não podem ser confiadas a especialistas.

Para facilitar a busca de significados, existem diversas táticas (MILES, HUBERMAN, SALDAÑA, 2004). Uma delas consiste na verificação sistemática dos temas que se repetem com vistas ao estabelecimento de relações entre os fatos e possíveis explicações. Outra tática é a do agrupamento, que consiste num processo de categorização de elementos, como eventos, atores, situações, processos e cenários, e que permite identificar agrupamentos que se definem por compartilhar o mesmo conjunto de atributos. É possível, ainda, estabelecer constantes de comparações e contrastes, construir cadeias lógicas de evidências e procurar a construção da coerência conceitual e teórica.

12.3.5 Busca da credibilidade

Com vistas a proporcionar maior credibilidade aos estudos de caso, sugerem-se alguns cuidados, tais como:

a) *Verificar a representatividade dos participantes.* É preciso garantir que os participantes da pesquisa sejam apropriados para proporcionar informações relevantes. Um problema comum em estudos de caso é a seleção dos informantes pelo critério de acessibilidade, o que pode levar à exclusão de informantes-chave.

b) *Verificar a qualidade dos dados.* A qualidade dos dados tem muito a ver com os informantes selecionados. Dados obtidos de informantes bem articulados, e que fornecem as informações com satisfação, tendem a ser mais ricos e, consequentemente, conduzir a melhores resultados. A qualidade dos dados também tem a ver com as circunstâncias em que estes foram obtidos, pois dados referentes ao comportamento observado tendem a ser melhores que os obtidos mediante relato. Dados obtidos depois de repetidos contatos tendem a ser mais confiáveis que os obtidos logo no início do trabalho de campo. Dados de primeira mão, relatados por informantes que praticaram as ações, são preferíveis aos relatados por informantes que apenas detêm as informações. Também os dados fornecidos espontaneamente tendem a ser melhores que os obtidos mediante interrogação, assim como aqueles obtidos com maior privacidade.

c) *Controlar os efeitos do pesquisador.* O pesquisador, por ser uma pessoa estranha ao grupo que estuda, pode levar seus membros a encarar sua presença com desconfiança e a manter comportamentos que não são os usuais, ou fornecer informações que não correspondem rigorosamente a suas opiniões, crenças e valores. Para minimizar essa influência, é preciso um rigoroso planejamento da coleta de dados. Mas é necessário também que sua possível influência seja reconsiderada no momento da análise e interpretação.

d) *Fazer triangulação.* A triangulação consiste basicamente em confrontar a informação obtida por uma fonte com outras, com vistas a corroborar os resultados da pesquisa. Assim, quando são obtidas informações de três diferentes fontes e pelo menos duas delas mostram convergência, o pesquisador percebe que os resultados podem ser corroborados. Se, porém, as informações se mostrarem totalmente divergentes, o pesquisador se decidirá pela rejeição da explicação ou pela necessidade de obtenção de informações adicionais.

e) *Obter* feedback *dos participantes*. A credibilidade de um estudo de caso tem muito a ver com a adequação de seus resultados aos pontos de vista de seus participantes. De fato, os pesquisados são capazes de conhecer mais que o pesquisador acerca da realidade que está sendo estudada. Logo, eles podem atuar como avaliadores dos resultados da pesquisa.

f) *Obter avaliação externa.* Uma importante estratégia para confirmação dos resultados consiste em sua análise por outros pesquisadores.

12.4 Redação do relatório

A redação do relatório de estudos de caso exige muito mais do pesquisador que a de outras modalidades de pesquisa. Os dados geralmente são muito numerosos e obtidos de formas diferentes, tornando-se necessária sua seleção e organização não apenas para fins de análise, mas também de apresentação. Assim, podem ser definidas diferentes estruturas redacionais para os relatórios dos estudos de caso (YIN, 2013):

a) *Estrutura clássica.* É a preferida tanto para publicação em periódicos científicos quanto para redação de teses e dissertações. O relatório inicia-se com uma seção de Introdução, que é seguida pela Revisão Bibliográfica, Metodologia, Análise e Discussão dos Resultados e, finalmente, pela Conclusão.

b) *Estrutura narrativa.* O relatório inicia-se com uma introdução, que é seguida de seções, cada uma delas correspondente a determinado período de tempo. É adequada aos estudos de caso históricos, que o reconstroem desde sua origem até a fase contemporânea.

c) *Estrutura descritiva*. Inicia-se também com uma introdução, que esclarece acerca da organização das seções seguintes, que podem se referir, por exemplo, aos vários aspectos da vida social de uma comunidade ou aos departamentos que compõem uma empresa.

d) *Estrutura de construção de teoria*. A sequência das seções é determinada pela lógica subjacente à construção da teoria. Cada seção, no entanto, deve ser elaborada de forma tal que possibilite desvendar uma nova parte dessa teoria, e o relatório conclui-se com a apresentação sintética da teoria.

e) *Estrutura de suspense*. Nessa abordagem, parte-se de uma situação não explicada, que vai sendo gradualmente desvendada.

Leituras recomendadas

YIN, Robert K. *Estudo de caso*: planejamento e métodos. 5. ed. Porto Alegre: Bookman, 2013.

Trata-se do mais conhecido livro referente a estudos de caso. Aborda a elaboração de projetos de estudos de caso, a coleta de dados, o processo de análise dos dados e a elaboração do relatório.

MARTINS, Gilberto de Andrade. *Estudo de caso*: uma estratégia de pesquisa. 2. ed. São Paulo: Atlas, 2008.

O primeiro livro publicado por autor brasileiro que trata especificamente do estudo de caso como estratégia de pesquisa. O primeiro capítulo apresenta os predicados de um estudo de caso exemplar, finalizando com a indicação do que não pode ser concebido como um estudo de caso científico.

Exercícios e trabalhos práticos

1. Identifique pessoas, grupos, organizações ou comunidades que justificariam a realização de estudos de caso intrínsecos.
2. Após escolher um tópico, defina algumas questões de pesquisa. Para cada uma dessas questões, identifique uma técnica adequada para coleta de dados. Em seguida, defina quem seriam as pessoas mais adequadas para serem interrogadas ou observadas.
3. Que tipos de documento poderiam ser utilizados num estudo de caso referente ao relacionamento professor-aluno numa universidade?
4. Considere um fato polêmico que tenha sido veiculado pela imprensa. Caso você quisesse certificar-se do que realmente ocorreu, que procedimentos você adotaria para reconstruir a realidade? Que pessoas você entrevistaria? Que documentos você analisaria?

13

COMO DELINEAR UMA PESQUISA ETNOGRÁFICA?

13.1 Etapas da pesquisa etnográfica

O pesquisador que se dispõe a realizar uma pesquisa etnográfica assume uma visão holística com vistas a obter a descrição mais ampla possível do grupo pesquisado. Essa descrição pode incluir múltiplos aspectos da vida do grupo e requerer considerações de ordem histórica, política, econômica, religiosa e ambiental. Os dados obtidos, por sua vez, precisam ser colocados numa perspectiva bem ampla para que assumam significado. Por outro lado, é preciso garantir que os resultados da pesquisa privilegiem a perspectiva dos membros do grupo investigado.

Essas características da pesquisa etnográfica indicam, portanto, que os pesquisadores tendem a desenvolver o trabalho de campo em períodos significativamente superiores ao despendido em outras modalidades de pesquisas. Indicam também que essas atividades tendem a ser mais integradas e menos sequenciais. Daí por que se torna difícil definir previamente as etapas a serem seguidas na pesquisa etnográfica. É possível, no entanto, identificar um conjunto de etapas que são comuns à maioria das pesquisas dessa natureza:

a) formulação do problema;
b) seleção da amostra;
c) entrada em campo;
d) coleta de dados;
e) elaboração de notas de campo;
f) análise dos dados;
g) redação do relatório.

13.1.1 Formulação do problema

A pesquisa etnográfica inicia-se com a seleção de um problema que vai se aprimorando à medida que a pesquisa avança. Cabe considerar, no entanto, que nem todo problema formulado se ajusta à pesquisa etnográfica. Essa modalidade de pesquisa é essencialmente descritiva. Não tem, pois, como propósito verificar a existência dos nexos causais entre variáveis. E embora descritiva, não se propõe a descrever com precisão traços ou características das populações.

Os problemas que melhor se ajustam a essa modalidade de pesquisa são aqueles que podem ser interpretados como expressão de coletivos culturais, como organizações e comunidades. Alguns dos problemas mais privilegiados são, pois, os que se referem a desigualdades de classe, de gênero ou de idade, barreiras culturais, estereótipos, cultura organizacional, subculturas e representações sociais.

13.1.2 Seleção da amostra

Na pesquisa etnográfica não existe a preocupação do pesquisador em selecionar uma amostra proporcional e representativa em relação ao universo pesquisado. A ocorrência mais comum é a seleção da amostra com base no julgamento do próprio pesquisador. Ele seleciona os membros do grupo, organização ou comunidade que julga os mais adequados para fornecer respostas ao problema proposto. Isso significa que a extensão da amostra não pode ser definida antes do trabalho de campo. À medida que avança na pesquisa é que o pesquisador vai definindo quantos elementos ainda convém pesquisar. O que requer muita perspicácia para evitar que os resultados da pesquisa sejam comprometidos por suas preferências.

É muito importante na pesquisa etnográfica selecionar informantes-chave: pessoas que dispõem de notável conhecimento acerca da cultura do grupo, organização ou comunidade que está sendo estudada. O informante não precisa ser um membro proeminente do grupo. Pode ser até mesmo uma pessoa que por qualquer razão dele já tenha se afastado. O que interessa é que seja capaz de fornecer informações que enriqueçam o trabalho de pesquisa.

13.1.3 Entrada em campo

O processo de entrada em campo é crucial na pesquisa etnográfica. Convém considerar que, de modo geral, os membros do grupo, da organização ou da comunidade não estão interessados no trabalho que está sendo desenvolvido pelo pesquisador. Podem até mesmo manifestar algum tipo de desconfiança ou hostilidade em relação a ele. Por isso, recomenda-se que seu ingresso seja facilitado mediante o auxílio de um de seus membros. Esse intermediário poderá ser representado, no caso de uma organização empresarial, por um de seus diretores ou gerentes; no caso de uma comunidade religiosa, um de seus líderes; no caso de uma aldeia indígena, pelo cacique ou pelo pajé. Ou seja, por uma pessoa que detenha credibilidade no grupo que está sendo pesquisado.

13.1.4 Coleta de dados

Na pesquisa etnográfica são utilizados vários procedimentos para coleta de dados. Os fundamentais são a observação e a entrevista.

13.1.4.1 Observação

A observação assume geralmente a forma de observação participante, que se caracteriza pelo contato direto do pesquisador com o fenômeno estudado, com a finalidade de obter informações acerca da realidade vivenciada pelas pessoas em seus próprios contextos. Tem, pois, como pré-requisito sua presença constante no campo, em convívio com os informantes durante algum tempo. Trata-se, portanto, de um processo longo.

A observação participante supõe a interação pesquisador/pesquisado. Assim, as informações que obtém dependem do comportamento do pesquisador e das relações que desenvolve com o grupo estudado. Sua integração plena ao grupo, no entanto, é improvável, pois sempre pairará sobre ele uma atmosfera de curiosidade ou mesmo de desconfiança. E ele não pode se esquecer que é um observador que está sendo observado o tempo todo (WHYTE, 2005).

13.1.4.2 Entrevista

Embora a observação participante seja reconhecida como a técnica que mais se identifica com a pesquisa etnográfica, é provável que a maioria dos dados relevantes seja obtida mediante diferentes formas de entrevista: estruturada, semiestruturada ou informal.

Entrevistas estruturadas e semiestruturadas podem ser úteis em apenas alguns momentos da pesquisa etnográfica. Por exemplo, uma relação de questões pode ser útil numa pesquisa em determinada empresa com a finalidade de comparar os empregados em relação à sua qualificação e experiência. Esse tipo de entrevista pode ser útil em etapas mais avançadas da pesquisa com vistas à obtenção de dados referentes a um tópico específico.

Entrevistas informais são as mais utilizadas na pesquisa etnográfica. Elas podem ser vistas como conversações casuais, mas, assim como as entrevistas estruturadas, também têm uma agenda específica, embora não explícita. O pesquisador as utiliza para descobrir as categorias de significados no âmbito de uma cultura. São úteis para verificar o que as pessoas sabem, pensam, creem, aspiram e temem, bem como para comparar essas percepções com as das outras pessoas. Essas comparações é que possibilitam identificar valores compartilhados na comunidade, na organização ou no grupo pesquisado.

As entrevistas informais, embora pareçam ser as mais fáceis de ser conduzidas, a rigor são as mais difíceis, pois questões de natureza ética e de controle emergem de cada entrevista. Considere-se, por exemplo, como pode o entrevistador estabelecer e manter naturalmente uma situação ao mesmo tempo em que está procurando saber acerca da vida de outras pessoas de maneira sistemática (FETTERMANN, 2019).

13.2 Elaboração de notas de campo

As notas de campo são constituídas pelos dados obtidos mediante observação ou entrevista. São fundamentais na pesquisa etnográfica e constituem importante etapa entre a coleta e a análise dos dados.

A pesquisa etnográfica tende a proporcionar grande quantidade de informações oriundas de diferentes fontes. Como o trabalho de campo é exaustivo, o pesquisador pode ficar tentado a parar ou a postergar a tomada de notas. Mas elas devem ser redigidas o mais rápido possível após a obtenção dos dados para evitar a perda de detalhes importantes. Para conferir maior agilidade ao processo de tomada de notas, convém que o pesquisador desenvolva algumas habilidades, como as de construir frases curtas e utilizar abreviaturas e símbolos. Isso porque a tomada de notas ocorre com frequência em locais e horários não muito favoráveis.

É recomendável a construção de um banco de dados para armazenar e organizar as notas de campo. As notas devem ter um formato padronizado e podem conter dados como: 1) data, hora e local da entrevista ou observação; 2) fatos específicos, números e detalhes do que acontece no local; 3) impressões sensoriais: vistas, sons, texturas, cheiros, gostos; 4) palavras específicas, frases, resumos de conversas e linguagem dos informantes; e 5) numeração das páginas para ordenar os dados (CHISERI-STRATER; SUNSTEIN, 1997).

13.3 Análise dos dados

A análise dos dados na pesquisa etnográfica inicia-se no momento em que o pesquisador seleciona o problema e só termina com a redação da última frase de seu relatório. Os procedimentos analíticos, por sua vez, são os mais diversos, indo dos mais simples e informais até os que envolvem sofisticação estatística. Embora não haja uma única forma de organização das tarefas referentes à análise dos dados, os itens considerados a seguir referem-se a procedimentos adotados nas pesquisas etnográficas.

13.3.1 Leitura do material

Todo o material escrito, como notas de campo, memorandos e transcrições de entrevistas, deve ser lido várias vezes. Caso haja dados registrados sob outras formas, como vídeos e fotografias, o material correspondente também deverá ser exaustivamente analisado. Esse procedimento é importante para tornar o pesquisador familiarizado com as informações obtidas.

13.3.2 Busca de "categorias locais de significados"

A pesquisa etnográfica privilegia os pontos de vista dos membros da comunidade, organização ou grupo que está sendo estudado. Cabe, portanto, identificar "categorias locais de significados" nos dados (HAMMERSLEY, M.; ATKINSON, 2007). Essas categorias constituem importantes componentes da pesquisa. Sua compreensão torna-se necessária para a construção de um modelo explicador da realidade. Assim, cabe investigar que significados os informantes atribuem aos termos utilizados. A conclusão dessa etapa da pesquisa, por sua vez, dá-se mediante a elaboração de uma lista de categorias a partir dos dados.

13.3.3 Triangulação

A triangulação é um processo básico na pesquisa etnográfica. Em sua acepção mais simples, o conceito refere-se ao uso de dois ou mais métodos para verificar se os resultados obtidos são semelhantes, com vistas a reforçar a validade interna dos resultados. Na pesquisa etnográfica, seu propósito é o de utilização de dois ou mais processos comparáveis com vistas a ampliar a compreensão dos dados, contextualizar as interpretações e explorar a variedade dos pontos de vista relativos ao tema.

13.3.4 Identificação de padrões

Para que um estudo etnográfico tenha valor, é necessário que seja capaz de acrescentar algo ao que já é conhecido. Isso não significa, porém, que deva obrigatoriamente proporcionar nova perspectiva teórica ao problema. O estudo pode ser reconhecido como válido quando se mostrar capaz de levantar novas questões ou hipóteses a serem consideradas em estudos futuros. Mas a identificação de padrões de pensamento e de comportamento é o objetivo mais procurado no processo de análise na pesquisa etnográfica. O que interessa ao pesquisador é principalmente verificar se em meio à ampla diversidade de ideias e comportamentos manifestados por diferentes atores em diferentes situações existe algo que pode ser definido como comum a todos ou à maioria.

Esse processo se inicia geralmente com uma massa de ideias ou comportamentos indiferenciados. O pesquisador, mediante a identificação de semelhanças, diferenças e conexões entre os dados, percebe que alguma coisa se destaca como forma usual de pensar ou de agir no local. Progressivamente, mediante comparação e contraste, define um comportamento ou pensamento identificável. Tem-se, então um padrão, ainda que definido de forma insipiente. Aí começam a emergir exceções à regra e detectam-se variações em relação ao modelo. Essas variações ajudam a circunscrever a atividade e a clarificar seus significados. Então, mediante novas comparações e combinações entre o modelo e a realidade observada, definem-se os padrões.

13.4 Redação do relatório

Nos estudos etnográficos, o pesquisador dispõe de muita liberdade para apresentar seus resultados. Mas como esses estudos visam descrever com certa profundidade os comportamentos observados, os relatórios tendem a ser volumosos. Por isso, é necessário muito cuidado em sua elaboração, já que a maioria das pessoas não se dispõe a ler um relatório com grande número de páginas se a linguagem não se mostrar clara e atraente. Mas também é necessário que o pesquisador abandone a tentação literária e elabore um texto caracterizado pelo rigor científico. Seu propósito não pode ser o de impressionar o leitor, mas de convencê-lo acerca das evidências obtidas.

Leitura recomendada

ANGROSINO, Michael. *Etnografia e observação participante*. Porto Alegre: Artmed, 2009.

Esse livro trata dos temas que podem ser efetivamente estudados pelos métodos etnográficos, da coleta e análise dos dados etnográficos, das estratégias de apresentação dos dados, das questões de ética, bem como das perspectivas de aplicação do método etnográfico nas próximas décadas.

Exercícios e trabalhos práticos

1. Identifique, em diferentes áreas do conhecimento, problemas que possam ser efetivamente investigados mediante procedimentos etnográficos.
2. Considere uma comunidade ou organização. Identifique pessoas que possam atuar como informantes-chave numa pesquisa etnográfica.
3. Imagine-se como observador participante numa pesquisa etnográfica. Procure identificar possíveis razões para que os observados manifestem algum tipo de desconfiança em relação à sua presença.
4. Observe um acontecimento por um período de tempo. Procure elaborar notas de campo referentes à situação, aos participantes, às atividades desenvolvidas e aos relacionamentos entre as pessoas.

14

COMO DELINEAR UMA PESQUISA NARRATIVA?

14.1 Etapas da pesquisa narrativa

Pesquisa narrativa constitui provavelmente a mais antiga modalidade de pesquisa qualitativa, tendo sido muito utilizada pelos pesquisadores da Escola de Chicago, durante as décadas de 1920 e 1930, para investigar trabalhadores em funções de baixo *status* social e membros de grupos fechados, como gangues de rua. Muitas outras pesquisas de caráter narrativo foram realizadas ao longo do século passado em muitos outros contextos. Sua efetivação dependeu principalmente da habilidade de seus autores para "contar boas histórias". Todavia, a partir do início do século XXI, graças principalmente às contribuições de Clandinin e Connelly (2000), Czarniawska (2004), Bertaux (2003), Riessman (2008) e Creswell (2014), tornou-se possível definir procedimentos sistemáticos para conduzir essa modalidade de pesquisa.

Embora sejam muitos os estudos narrativos em que os autores se fundamentam principalmente na "arte de contar boas histórias", é possível, com base em contribuições dos autores anteriormente citados, definir um conjunto de procedimentos capazes de orientar a condução de pesquisas narrativas:

a) determinação da adequação da pesquisa narrativa ao problema ou questões de pesquisa;

b) seleção dos participantes;

c) coleta de dados;

d) análise e interpretação dos dados;

e) redação do relatório.

14.2 Determinação da adequação da pesquisa narrativa ao problema ou questões de pesquisa

A pesquisa narrativa é adequada para descrever histórias detalhadas ou experiências de vida de um único indivíduo ou as vidas de um ou de poucos indivíduos (CRESWELL, 2014). Como seu foco está em histórias individuais, é necessário garantir que, com um número reduzido de histórias, será possível fornecer respostas para o problema proposto.

14.3 Seleção dos participantes

Devem ser escolhidos participantes que tenham histórias ou experiências de vida que possam ser contadas. É pouco provável que essa modalidade de pesquisa possa fornecer bons resultados abrangendo mais do que três ou quatro indivíduos. Principalmente porque é preciso garantir que o pesquisador tenha condições de encontrar "boas narrativas" e passar um tempo considerável com os indivíduos colhendo suas histórias.

14.4 Coleta dos dados

Os dados na pesquisa narrativa podem ser obtidos de muitas maneiras. Czarniawska (2004) indica três formas básicas: registrar incidentes espontâneos de narrativas, obter histórias mediante entrevistas e solicitar histórias valendo-se de meios como a internet. Clandinin e Connelly (2000) indicam um amplo leque de fontes de dados para estudos narrativos: diários, autobiografias, notas de campo elaboradas pelo pesquisador, cartas pessoais, conversas, entrevistas, histórias de famílias, documentos diversos, fotografias e artefatos pessoais-familiares-pessoais.

É importante considerar que o pesquisador precisa também coletar informações acerca do contexto da narrativa. É necessário situar a narrativa no contexto familiar ou profissional dos participantes, no da cultura em que se inserem, bem como em seu contexto histórico.

14.5 Análise e interpretação dos dados

É pouco provável que os participantes contem suas histórias observando uma sequência cronológica. Principalmente quando o relato é feito de maneira bastante espontânea. Assim, é necessário que o pesquisador organize as histórias dentro de uma estrutura capaz de lhes conferir sentido. Essa organização pode ser feita mediante a reunião de certo número de histórias, a análise de seus elementos-chave e sua reescrita em uma sequência cronológica, garantindo que tenham começo, meio e fim.

Yusen e Ozcan (1997) sugerem a adoção de uma estrutura literária para a análise dos dados nas pesquisas narrativas. Dessa forma, a análise é feita a partir de cinco elementos que estruturam o enredo: personagens, ambiente, problema, ações e resolução. Já Clandinin e Connelly (2000) propõem um modelo tridimensional, no qual a análise considera três elementos: interação, continuidade e situação. Nesse modelo, a análise de interação envolve tanto as experiências pessoais do narrador quanto seu relacionamento com outras pessoas, que podem ter diferentes intenções, propósitos e pontos de vista. Na análise da continuidade, consideram-se as ações passadas e presentes do narrador, bem como ações suscetíveis de ocorrer no futuro. Para analisar a situação, o pesquisador procura locais específicos na paisagem do narrador contador de histórias que dão sentido à história, bem como sua localização física e as atividades que ocorreram nesse lugar e que afetaram suas experiências.

14.6 Redação do relatório

Dentre as múltiplas modalidades de pesquisa, a narrativa é que possibilita maior flexibilidade quanto à redação do relatório. Há relatórios em que se adota uma abordagem clássica, que inclui seções como introdução, revisão da literatura e métodos. Mas também há relatórios em que os autores partem do relato de suas próprias experiências. O que importa, todavia, é que o relato enfatize o caráter narrativo da pesquisa.

Pesquisadores que preferem elaborar relatórios mais estruturados podem seguir o modelo proposto por Labov (1972), classicamente adotado em estudos linguísticos, que abrange seis partes:

- *Resumo*. Corresponde à introdução da narrativa, que pode ser constituída tanto por um breve resumo quanto por uma ou duas linhas elaboradas para despertar a atenção do leitor.
- *Orientação*. Nessa parte, são apresentados os personagens que interagem na história, bem como o local e o tempo em que a ação ocorre.
- *Ação complicadora*. Refere-se aos eventos reais da narrativa, às ocorrências que a movem. Esses eventos podem corresponder a ações físicas, mas também a declarações feitas em voz alta ou atos pensados.
- *Avaliação*. Refere-se à interpretação do enredo, ao significado da narrativa.
- *Resolução*. Corresponde ao desfecho ou à conclusão da história.
- *Epílogo*. Nessa etapa, apresenta-se uma declaração geral sobre o texto, indicando sua relevância e estabelecendo uma conexão com a vida cotidiana.

Leitura recomendada

BERTAUX, Daniel. *Narrativas de vida*: a pesquisa e seus métodos. Natal: EDUFRN; São Paulo: Paulus, 2010.

Neste livro, orientado sob a perspectiva etnossociológica, o autor trata das funções das narrativas de vida, da coleta e análise de dados, da formatação e redação do relatório e da publicação de narrativas de vida.

Exercícios e trabalhos práticos

1. Formule problemas de pesquisa que conduzam a pesquisas narrativas.
2. Discuta a possibilidade de utilização de material postado nas redes sociais em pesquisas narrativas.
3. Identifique fontes capazes de fornecer informações acerca da cultura em que se inserem os participantes de uma pesquisa narrativa.
4. Relacione certo número de personagens que podem ser identificados em narrativas relativas aos temas de pesquisa: integração de migrantes de origem rural ao contexto urbano, ascensão profissional e segregação racial.

15

COMO DELINEAR UMA PESQUISA FENOMENOLÓGICA?

15.1 Etapas da pesquisa fenomenológica

A utilização de métodos filosóficos para investigar no campo das ciências empíricas não constitui tarefa das mais simples, já que ciência e filosofia são disciplinas em que se procede de forma distinta para alcançar seus objetivos. Daí por que não há consenso acerca dos procedimentos a serem adotados numa pesquisa fenomenológica. Diversos autores, no entanto, dedicaram-se a definir modelos de pesquisa fenomenológica. Dentre os mais conhecidos estão: Van Kann (1959), Giorgi (1985), Colaizzi (1978) e Van Maanen (1988). Todos, no entanto, esclarecem que os passos constantes de seus modelos não devem ser vistos como rígidos, nem definitivos. Papel importante cabe, portanto, ao pesquisador, no ajustamento do modelo ao fenômeno em estudo.

A maioria dos modelos propostos refere-se ao processo de análise. Como, porém, o propósito desse trabalho é o de proporcionar ao pesquisador um esquema que possibilite o delineamento de toda a pesquisa, apresenta-se aqui a descrição das etapas do processo de pesquisa desde a formulação do problema, passando pela coleta de dados. Para a análise dos resultados, segue-se o modelo de Colaizzi, que se caracteriza principalmente por sua clareza. Assim, podem ser definidas genericamente as seguintes etapas de uma pesquisa fenomenológica:

a) formulação do problema;
b) escolha das técnicas de coleta de dados;
c) seleção dos participantes;
d) coleta de dados;

e) análise dos dados;

f) redação do relatório.

15.1.1 Formulação do problema

A pesquisa fenomenológica inicia-se com uma interrogação. Mas diferentemente das pesquisas experimentais e dos levantamentos, o problema nessa etapa não está ainda bem definido pelo pesquisador. Ele corresponde mais a uma insatisfação do pesquisador em relação àquilo que ele pensa saber sobre algo. Algo o incomoda, gerando uma tensão que o leva a buscar a essência do fenômeno. Fenômeno este que, ao mesmo tempo em que lhe causa certa estranheza, também lhe é familiar, pois faz parte da realidade vivida. Mas essa familiaridade não constitui ainda o conhecimento. Assim, esse primeiro momento da pesquisa fenomenológica é denominado pré-reflexivo, já que há algo que o pesquisador pretende conhecer, mas que não está bem explicitado para ele (BICUDO, 1994).

Nessa primeira etapa é importante que o pesquisador deixe de lado tudo o que ele já conhece a respeito do fenômeno que está sendo investigado. Esse momento corresponde à chamada *epoché*, ou suspensão de qualquer crença, hipótese, teoria ou explicação do fenômeno. Ele não espera – diferentemente do que ocorre na pesquisa experimental, por exemplo – que os resultados obtidos estejam de acordo com teorias estabelecidas *a priori*, por mais consistentes que sejam. Por isso, na pesquisa fenomenológica não é tão importante a revisão bibliográfica, que em muitas pesquisas constitui etapa prévia necessária para o estabelecimento de um sistema conceitual e da fundamentação teórica da pesquisa.

Também é importante considerar que problemas são adequados para investigação mediante a utilização do método fenomenológico. A pesquisa fenomenológica ajusta-se mais a problemas que se referem à experiência vivida no dia a dia das pessoas. Mas é preciso certificar-se de que a experiência vivida compartilhada é a melhor fonte de dados para o estudo do fenômeno. Será que dados expressos pela própria voz das pessoas são capazes de proporcionar a descrição clara e profunda do fenômeno? Será que o tempo e os recursos disponíveis e a audiência favorecem a realização da pesquisa? Será que o estilo e as habilidades do pesquisador contribuem para que ele se engaje de forma rigorosa no processo de pesquisa?

Exemplos de tópicos apropriados para a pesquisa fenomenológica são os referentes à experiência vivida pelos seres humanos, que se expressa em sentimentos, crenças, aspirações e temores. Na área administrativa, por exemplo, é possível utilizá-la para pesquisar satisfação no ambiente de trabalho, pertencimento a uma organização, exercício da liderança, moral no trabalho e qualidade de vida no trabalho. Na área de saúde, pode ser utilizada para investigar fenômenos relacionados à vida, à doença, à dor, ao sofrimento, ao convívio com pessoas doentes, à perda de uma parte do corpo, ao medo da morte e à hospitalização. No campo psicológico, pode ser útil para estudar o convívio com a frustração, a depressão, a separação e a sexualidade. Em educação, pode ser interessante para investigar o cotidiano dos alunos, o relacionamento professor-aluno, as aspirações acadêmicas, o medo do fracasso e da punição e a satisfação dos professores com a profissão.

15.1.2 Escolha da técnica de coleta de dados

As técnicas mais adequadas para coleta de dados na pesquisa fenomenológica são as que possibilitam a livre expressão dos participantes, que é essencial tanto para a descrição quanto para a interpretação da experiência vivida. A mais comum dessas técnicas é a entrevista focalizada, que, ao mesmo tempo em que permite a livre expressão do entrevistado, garante a manutenção de seu foco pelo entrevistador. Requer-se, portanto, do entrevistador que tenha experiência com entrevistas desse tipo, que esteja aberto às mais diversas descrições, pois é mediante a diversidade dos participantes que se obtém maior riqueza nas descrições.

Embora sejam feitas diversas perguntas ao longo de toda a entrevista, é preciso definir uma pergunta norteadora, capaz de dar início ao diálogo e permitir sua continuidade. Por exemplo, numa pesquisa que tenha como objeto a vivência do profissional de saúde com pacientes portadores de HIV, a pergunta norteadora poderia ser: "Como você se sente trabalhando como profissional de saúde com pessoas portadoras de HIV?".

Também podem ser utilizadas outras técnicas que possibilitam a expressão oral dos indivíduos, como histórias de vida e depoimentos pessoais. Por história de vida entende-se o relato de uma pessoa sobre sua existência através do tempo, procurando reconstruir os acontecimentos que ela considera importantes. Por depoimento pessoal entende-se o relato de uma experiência individual que revela sua ação como pessoa e participante da vida social. A diferença básica entre as duas técnicas está, pois, na forma de agir do pesquisador. Na obtenção de depoimentos, o pesquisador adota uma postura mais ativa, procurando obter as descrições que se relacionam diretamente com o tema da pesquisa. Já na história de vida, o pesquisador permanece mais silencioso, minimizando sua interferência (QUEIROZ, 1987).

Enquanto as histórias de vida referem-se à trajetória de um indivíduo num longo período, os depoimentos pessoais concentram-se num curto espaço de tempo. A história de vida demanda muito mais tempo tanto para obtenção das informações quanto para sua transcrição. Assim, as pesquisas que utilizam histórias de vida, de modo geral, apresentam pequeno número de informantes. Já as que utilizam depoimentos permitem a ampliação desse número, o que contribui para destacar as semelhanças e as diferenças.

Também há pesquisas fenomenológicas fundamentadas em relatos escritos. Alguns desses relatos decorrem de solicitação para responder por escrito às perguntas, com vistas a garantir o anonimato. Mas há relatos elaborados espontaneamente por algumas pessoas e que também podem proporcionar dados para pesquisas fenomenológicas. É possível considerar até mesmo cartas deixadas por suicidas como relatos importantes para esse tipo de pesquisa.

15.1.3 Seleção dos participantes

A seleção dos participantes de uma pesquisa fenomenológica não requer a utilização do processo de amostragem probabilística, nem mesmo um número elevado de informantes. Isso porque seu propósito não é o de garantir que seus resultados sejam representativos das características de determinada população. O que interessa é dispor de participantes que tenham tido experiência relativamente recente com o que está sendo estudado, que sejam capazes de expressar facilmente seus sentimentos e emoções e que tenham habilidade para se reportar ao que acontece consigo ao longo do tempo.

Não é possível definir *a priori* o número de participantes. Essa estimativa depende dos objetivos do estudo, da natureza do tópico, da quantidade e qualidade das informações pretendidas dos participantes e do número de vezes que serão submetidos a entrevistas. Uma possibilidade é a utilização do processo "saturação teórica", que consiste na realização progressiva das entrevistas até o ponto em que os dados obtidos vão se tornando repetitivos (MORSE, 2000). Mas constata-se que a maioria das pesquisas fenomenológicas utiliza de 10 a 20 participantes.

15.1.4 Coleta de dados

Para a coleta de dados na pesquisa fenomenológica requer-se o estabelecimento de um clima de receptividade. É importante assegurar a confidencialidade dos dados obtidos e obter permissão para que as entrevistas ou depoimentos sejam gravados. Também é importante deixar claro para os participantes quanto tempo será necessário para a obtenção das informações. Essa providência é necessária para evitar que, à medida que o tempo for passando, os respondentes sintam-se ansiosos pelo final da entrevista e passem a fornecer informações inadequadas ou insuficientes. E como o tempo necessário para a obtenção dos dados pode ser longo, convém que o local e as condições em que são realizadas as entrevistas sejam satisfatórios.

15.2 Análise dos dados

Após a coleta, procede-se à análise dos dados, que na pesquisa fenomenológica consiste basicamente nos procedimentos adotados com o propósito de chegar à redução eidética, ou seja, à abstração de tudo o que é acidental para permitir a intuição das essências. Para tanto, adota-se aqui o modelo proposto por Colaizzi (1978), que se desenvolve em sete etapas.

15.2.1 Leitura da descrição de cada informante

Procede-se à leitura completa, palavra por palavra, das descrições de cada um dos informantes (designadas como protocolos), com vistas à obtenção de uma visão do todo.

15.2.2 Extração das assertivas significativas

Retorna-se a cada protocolo com o propósito de extrair frases que digam respeito ao fenômeno que está sendo estudado. As frases que se repetem ou se sobrepõem devem ser eliminadas. Ao final dessa etapa, o pesquisador passa a dispor de uma relação de declarações (*statements*) significativas de cada protocolo.

15.2.3 Formulação dos significados

Nessa etapa, passa-se do que os participantes dizem para a formulação de seu significado. Essa é a etapa mais crítica do processo interpretativo da pesquisa fenomenológica e requer do pesquisador exercício de intuição criativa, posto que ele precisa se manter e fiel ao que as pessoas disseram, ao mesmo tempo em que procura extrair os significados implícitos.

15.2.4 Organização dos significados em conjuntos de temas

Após formular os significados de todas as declarações significativas, o pesquisador passa a organizá-los em conjuntos de temas que revelam padrões ou tendências. Os temas podem ser contraditórios ou não apresentar relação entre si, o que requer do pesquisador certa tolerância à ambiguidade. Torna-se necessário, portanto, contrastar esses temas com as descrições dos informantes para verificar se existe algo que está nos protocolos e que não foi considerado e vice-versa.

15.2.5 Integração dos resultados numa descrição exaustiva

Nessa etapa, procede-se à descrição detalhada e analítica dos significados e das ideias dos sujeitos relativos a cada tema.

15.2.6 Elaboração da estrutura essencial do fenômeno

Essa etapa culmina com a elaboração de uma síntese que integra os aspectos da experiência que são comuns a todos os participantes numa descrição geral e consistente das estruturas da experiência que estão sendo investigadas.

15.2.7 Validação da estrutura essencial

Após a identificação da estrutura essencial do fenômeno, procede-se à sua validação mediante o contraste da descrição com as experiências vividas dos participantes. Isso requer o retorno a cada participante e, se necessário, a modificação da descrição com vistas a obter sua congruência com a experiência vivida pelos mesmos.

Leitura recomendada

MOREIRA, Daniel A. *O método fenomenológico na pesquisa*. São Paulo: Pioneira/Thomson, 2002.

Exercícios e trabalhos práticos

1. Localize um relato de pesquisa em que se tenha utilizado o método fenomenológico. Analise a justificativa do autor ou da autora para a adoção desse procedimento metodológico.
2. Localize um relato de pesquisa em que os dados foram utilizados mediante entrevistas abertas. Não é necessário que tenha sido realizado sob o enfoque fenomenológico. Após identificar os objetivos da pesquisa, leia atentamente a transcrição de trechos das entrevistas e identifique frases que se refiram diretamente ao fenômeno que está sendo estudado.
3. Discuta a exigência da suspensão de qualquer crença, hipótese, teoria ou explicação do fenômeno como essencial para a aplicação do método fenomenológico.
4. Faça o seguinte exercício para aprimorar sua capacidade de "contemplar as essências".

    Dado um objeto, como, por exemplo, um carro, considere como este pode conduzir a imagens que podem ser diferentes quanto às cores, às formas, à tecnologia empregada etc. Considere também como ele pode ser visto por diferentes ângulos, mas que, independentemente das variações, há algo que se mantém durante todo o processo de variação e que constitui a sua essência.

16

COMO DELINEAR UMA PESQUISA PARA CONSTRUIR TEORIA FUNDAMENTADA (*GROUNDED THEORY*)?

16.1 Etapas da construção da teoria fundamentada

Dentre os delineamentos de pesquisa qualitativa, o que estabelece com maior rigor as etapas a serem seguidas é o definido para construir teoria fundamentada (*grounded theory*), embora haja divergências nas orientações definidas por seus criadores. Para Glaser (1978), o pesquisador deve ir a campo sem qualquer concepção prévia para não enviesar sua interpretação. Já para Anselm Strauss, o conhecimento prévio é um meio indispensável para que os dados empíricos tenham sentido. Assim, Strauss, junto a Juliet Corbin, escreveram em 1990 o livro *Basics of qualitative research: grounded theory procedures*, que apresenta de forma detalhada o processo de pesquisa, cujas grandes etapas são:

a) formulação do problema;

b) seleção da amostra;

c) coleta de dados;

d) análise dos dados;

e) redação do relatório.

16.2 Formulação do problema

O pesquisador que se dispõe a construir uma teoria fundamentada parte do princípio de que o fenômeno proposto para investigação ainda não foi devidamente esclarecido, pelo menos no contexto em que se realiza a pesquisa. Ou que as relações entre os conceitos são pouco conhecidas ou conceitualmente pouco desenvolvidas. Assim, cabe-lhe formular um problema como primeiro passo para a construção da teoria.

Ao contrário, porém, de outros delineamentos, como os experimentos e os levantamentos, o problema não pode ser muito restrito nem focalizado para não excluir a possibilidade da descoberta, que constitui o principal propósito da *grounded theory*. Dessa forma, o pesquisador, ao iniciar a pesquisa, formula um problema bem extenso e genérico para abranger um universo suficientemente amplo de possibilidades. Esse problema, à medida que a pesquisa avança, vai se tornando cada vez mais estreito e focalizado, possibilitando a identificação de conceitos e de relações entre eles.

16.3 Seleção da amostra

Diferentemente do que ocorre em outros delineamentos, na *grounded theory* o pesquisador não determina previamente o tamanho da amostra. Os participantes não são selecionados com base nos critérios de proporcionalidade e representatividade. O que interessa ao pesquisador é selecionar pessoas que tenham efetivamente participado do processo social que está sendo investigado.

Na *grounded theory*, o que se pretende com a amostragem – que é denominada amostragem teórica – é procurar locais, pessoas ou fatos que maximizem oportunidades de descobrir variações entre conceitos. Por isso é que a amostragem, em vez de ser predeterminada, desenvolve-se durante o processo. Ela é cumulativa; cada evento amostrado acrescenta algo à coleta e à análise de dados anteriores. Assim, a amostragem vai se tornando cada vez mais específica à medida que a pesquisa evolui. A amostragem continua até que todas as categorias estejam saturadas, ou seja, não surge nenhum dado novo ou importante.

16.4 Coleta de dados

A técnica mais utilizada para desenvolver teorias fundamentadas é a entrevista. Mas também são utilizadas outras técnicas, como *focus group*, histórias de vida e utilização de documentos pessoais.

Prefere-se a utilização de entrevistas focalizadas porque o informante pode proporcionar informações bastante ricas sem que se perca o foco. As entrevistas não são dirigidas a uma categoria específica de pessoas, mas a pessoas que de alguma forma se relacionam com o fenômeno a ser pesquisado. Numa pesquisa referente ao processo de recuperação de acidentados no trânsito, por exemplo, podem-se entrevistar, além dos próprios pacientes, médicos, enfermeiras, pessoas da família e visitantes e outros indivíduos que de alguma forma se relacionam com o fenômeno estudado.

Recomenda-se a gravação ou a tomada de notas durante as entrevistas. Cabe lembrar, no entanto, que só é possível gravar as entrevistas com o consentimento do informante. A utilização de gravadores escondidos constitui grave infração ética.

No caso da tomada de notas, é necessário que estas sejam suficientes para proporcionar a memorização de tudo o que foi dito pelo informante. Por isso, recomenda-se a sua transcrição o mais rapidamente possível. Pode-se também atribuir a tomada de notas a um assistente de pesquisa, desde que sua presença não provoque constrangimento ao informante. Também há pesquisadores que preferem não tomar notas – pelo menos muito extensas – durante a entrevista, para facilitar a empatia com o informante.

Não se estabelece um roteiro prévio, nem é preciso garantir que as mesmas perguntas sejam feitas a todos os informantes. Mas é necessário que, ao longo do processo, o entrevistador vá se perguntando: O que está acontecendo? Qual é a situação? O que de fato essa pessoa está querendo dizer? Que categorias de análise sugerem essas respostas?

Cada entrevista deve se relacionar com a anterior. A rigor, a construção da teoria inicia-se com a coleta de dados. À medida que vai avançando nas entrevistas, o pesquisador vai promovendo sucessivas comparações e a teoria vai emergindo. Por essa razão é que se torna conveniente ao entrevistador elaborar memorandos, ou seja, anotar ideias significativas para a construção da teoria à medida que estas forem surgindo.

16.5 Análise dos dados

Após a coleta de dados, passa-se à sua análise, que é constituída fundamentalmente pelo processo de codificação, que abrange: 1) codificação aberta; 2) codificação axial; e 3) codificação seletiva.

Nessas três etapas é de fundamental importância a elaboração de memorandos e diagramas. Os memorandos são úteis para indicar potenciais categorias de análise, bem como seus relacionamentos, ordenação e integração. Os diagramas, por sua vez, proporcionam a representação visual das relações entre os conceitos, contribuindo para a formulação da teoria e sua apresentação textual.

O processo de análise pode ser facilitado com o uso de *softwares* de apoio. O mais conhecido é o ATLAS/ti, que foi criado com a finalidade específica de auxiliar na construção de teorias. Mas existem outros programas, como o NVivo e o IRAMTEC, sendo este gratuito. É importante, todavia, lembrar que, a despeito de sua utilidade, esses programas não podem a rigor ser considerados programas de análise qualitativa, pois essa modalidade de análise ainda requer muito das capacidades humanas.

O mais importante no processo de análise é a sensibilidade teórica (GLASER, 1978), ou seja, a habilidade para reconhecer o que é importante nos dados e atribuir-lhes sentido. Essa sensibilidade deriva tanto da literatura técnica quanto da experiência profissional. Mas também é adquirida ao longo das três etapas de codificação, mediante a contínua interação com os dados.

16.5.1 Codificação aberta

A primeira etapa do processo de análise é a codificação aberta, que tem como finalidade identificar conceitos a partir das ideias centrais contidas nos dados. Os conceitos são rótulos dados aos eventos, objetos ou ações que se manifestam nos dados, e são definidos por Strauss e Corbin (2008, p. 101) como os "blocos de construção da teoria". São eles que possibilitam agrupar eventos e ideias similares sob um sistema de classificação. Assim, nessa etapa os dados são desmembrados, cuidadosamente examinados e comparados por similaridades e diferenças.

Para realizar a codificação aberta procede-se à transcrição de todo o material coletado, à análise cuidadosa de cada frase ou sentença, à seleção das palavras-chave e à determinação de um título ou código que represente um parágrafo ou unidade de ideias. Para facilitar esse processo, podem ser utilizadas questões como: "O que está acontecendo?", "O que significa isto?", "O que essa pessoa está dizendo aqui?", "A respeito de que ela está falando?".

Segue-se o trecho de uma entrevista com um estudante universitário para uma pesquisa referente à escolha profissional. O estudante foi estimulado a falar sobre o assunto, mas o pesquisador não tinha uma relação prévia das perguntas. O que se pretende ilustrar é a conceituação, ou rotulação do fenômeno. Assim, os rótulos dos conceitos são apresentados em negrito.

*Acredito que muitos estudantes ingressam numa faculdade porque de fato têm inclinação para a profissão [**vocação**]. Outros escolhem porque já trabalham na área [**experiência na área**]. Outros só pensam em ganhar dinheiro [**interesse financeiro**]. Mas muitos escolhem um curso por influência de seus pais, irmãos, tios avós etc. [**influência familiar**]. E também há os que escolhem um curso porque ele é valorizado pela sociedade [**status social**]. Muitos alunos não têm uma noção exata do que é o curso [**nível de informação**]. Por essa razão é que muitos se formam e depois nem querem saber da profissão [**frustração**]. Seria muito bom se já no colégio os alunos fossem informados acerca dos cursos superiores [**orientação profissional**].*

É importante interromper a codificação para anotar as ideias que vão surgindo (elaboração de memorandos). Esse procedimento irá conduzir à identificação de dezenas ou mesmo centenas de ideias devidamente rotuladas. Torna-se necessário, portanto, reduzir o número de unidades. Passa-se, então, ao processo de agrupamento dos conceitos que parecem pertencer ao mesmo fenômeno. Esse processo é denominado categorização, já que consiste na definição de conceitos mais abstratos conhecidos como categorias.

Uma vez que as categorias sejam identificadas, passa-se a desenvolvê-las em termos de suas propriedades e dimensões e diferenciá-las, dividindo-as em subcategorias. As propriedades são características ou atributos, gerais ou específicos, de uma categoria.

As dimensões, por sua vez, são representadas pela localização de uma propriedade ao longo de uma linha ou de uma faixa. Por exemplo, o conceito "*status* social" pode ter como propriedades: prestígio, poder e riqueza. Cada uma dessas propriedades pode ser dimensionada. Tanto o prestígio quanto o poder e a riqueza sofrem variações no âmbito dos grupos sociais estudados. As subcategorias, por fim, especificam melhor uma categoria ao procurar explicar quando, onde, por que, como uma categoria tende a existir.

16.5.2 Codificação axial

A codificação axial é o processo de relacionar categorias às suas subcategorias. É denominada axial porque ocorre em torno do eixo de uma categoria, associando-a ao nível de propriedades e dimensões. Essa fase é requerida em virtude do grande número de conceitos que geralmente são obtidos na codificação aberta. Seu propósito é reorganizar os dados com vistas a aprimorar um modelo capaz de identificar uma ideia central e suas subordinações.

Como na codificação aberta, o processo básico de trabalho nessa etapa consiste em fazer comparações e perguntas acerca dos dados, só que de maneira mais focalizada. Muitas vezes, torna-se necessário voltar a campo para aumentar os elementos de análise. Assim, as categorias já formadas são analisadas comparativamente, à luz dos novos dados que estão chegando, com vistas a identificar as mais significativas. Esse processo reduz, portanto, o número de categorias, posto que estas vão se tornando mais organizadas.

Suponha-se, por exemplo, que um pesquisador, após ter realizado entrevistas com universitários, pergunte a si mesmo: "O que parece estar acontecendo com esses estudantes?". Se a resposta indicar que muitos deles não estão satisfeitos com o curso que fazem, então o "nível de satisfação com o curso" pode ser designado como uma categoria. Outras categorias como "vocação", "expectativas de ganhos financeiros" e "dificuldade para aprender" ajudam a explicar por que os estudantes estão satisfeitos com o curso, podendo, portanto, ser consideradas subcategorias.

Ao trabalhar com dados reais, as relações entre fatos e acontecimentos nem sempre são muito evidentes. Como as associações entre categorias podem ser muito sutis e implícitas, convém elaborar um esquema para classificar e organizar as conexões emergentes.

Um desses esquemas organizacionais é o que Strauss e Corbin (2008) denominam paradigma: uma ferramenta analítica que ajuda a reunir e a ordenar os dados sistematicamente, de forma que a estrutura e o processo sejam integrados. Os componentes básicos do paradigma são as condições, as ações/interações e as consequências. As condições são formas conceituais de agrupar respostas às questões "por que?", "onde?", "de que forma?" e "quando?". Juntas, elas formam a estrutura na qual os fenômenos estão incorporados. Sob essas condições, surgem ações/interações – representadas pelas questões "quem?" e "como?" –, que são respostas estratégicas ou rotineiras das pessoas ou grupos a questões, problemas, acontecimentos ou fatos.

As consequências, por fim, são resultado das ações/interações e são representadas por questões do tipo "O que acontece como resultados dessas ações/interações?".

16.5.3 Codificação seletiva

A codificação seletiva é a última etapa da análise de dados e pode ser definida como o processo de integrar e refinar categorias. É um processo que, a rigor, inicia-se com a primeira parte da análise e só se conclui com a redação final.

O primeiro passo na integração é identificar a categoria central, que representa o tema principal da pesquisa. Essa categoria emerge ao final da análise e constitui o tema central ao redor da qual giram todas as outras categorias. Consiste em todos os produtos de análise, condensados em poucas palavras capazes de explicar "sobre o que é a pesquisa" (STRAUSS; CORBIN, 2008).

Essa categoria central deve estar relacionada a todas as outras categorias importantes da pesquisa. Ela deve aparecer frequentemente nos dados, o que significa que em todos ou quase todos os casos há indicadores desse conceito. As relações com as outras categorias devem ser lógicas e consistentes. O nome ou frase usada para descrevê-la deve ser suficientemente abstrato para que possa ser utilizado para a realização de pesquisas em outras áreas, levando ao desenvolvimento de uma teoria mais geral.

A identificação da categoria central requer capacidade de abstração e de discernimento. É comum pesquisadores iniciantes ou mal preparados ficarem tão atolados nos dados que não conseguem obter a distância necessária para se comprometer com a ideia central. Por essa razão, convém utilizar algumas técnicas para facilitar a identificação da categoria central e a integração dos conceitos. Dentre elas estão: a redação do enredo, o uso de diagramas e a revisão e organização de memorandos.

16.5.4 Construção da teoria

A teoria emerge do processo de codificação, mais especificamente da redução das categorias. Quando o pesquisador descobre uniformidades no grupo original de categorias e suas propriedades, e quando percebe que estas se tornam teoricamente saturadas, passa, então, a formular a teoria. Nesse momento, ele percebe que não mais emerge qualquer dado novo ou relevante; não surgem novas propriedades, dimensões ou relações. A quantidade de categorias, por sua vez, fica consideravelmente reduzida. O pesquisador prossegue, então, com a revisão, ordenação e integração dos memorandos. Naturalmente, o conteúdo desses memorandos é que constitui a base da teoria, mas a ordenação é a chave para sua formulação. As categorias e propriedades são ordenadas por similaridade, conexões e ordenamentos conceituais. Após sua integração, tem-se, então, a emergência da teoria.

Embora seja comum iniciar a construção de teorias sem qualquer conhecimento prévio, apelar para a literatura existente torna-se muito importante nessa última fase.

O cotejo da teoria emergente com a literatura existente nessa fase final contribui para aumentar sua validade e confiabilidade. Também auxilia na construção de hipóteses, na delimitação das propriedades das categorias e na definição de seus códigos.

16.6 Redação do relatório

A rigor, a redação da teoria fundamentada nos dados é algo que ocorre progressivamente. Ao longo do processo de codificação foram sendo elaborados os memorandos e os diagramas. Assim, ao final desse processo, o pesquisador passa a dispor de um conjunto organizado de memorandos e diagramas que possibilitam chegar à categoria central da teoria emergente. Além disso, esses memorandos e diagramas contêm a lógica da análise, que é constituída pelo conteúdo das categorias e suas propriedades, bem como a identificação de suas inter-relações.

Antes de redigir o relatório, o pesquisador precisa decidir acerca da ordem lógica da apresentação do material. Também precisa decidir acerca de quão detalhado precisa ser o relatório. Mas o pesquisador não precisa se guiar pelos modelos clássicos de redação. Assim, pode preferir a não inclusão de uma seção para especificação e delimitação do problema de pesquisa ou para apresentação do estágio atual do conhecimento acerca do tema. Esses tópicos podem ser esclarecidos à medida que se desenvolve a análise.

Recomenda-se que o relatório dê a ideia de um processo. Por isso é que é comum a utilização de verbos no gerúndio para indicar ação.

Leitura recomendada

STRAUSS, Anselm; CORBIN, Juliet. *Pesquisa qualitativa*: técnicas e procedimentos para o desenvolvimento da teoria fundamentada. 2. ed. Porto Alegre: Artmed, 2008.

Esse livro proporciona os conhecimentos básicos para o desenvolvimento de teoria fundamentada. Sua organização segue as etapas do processo de pesquisa. Nesta edição, os autores utilizam notas de campo reais para ilustrar o trabalho analítico e incluem um capítulo com perguntas feitas por alunos em seus cursos seguidas das respectivas respostas.

Exercícios e trabalhos práticos

1. Procure um local com certo afluxo de pessoas, como uma praça, um restaurante, uma repartição pública ou um supermercado. Observe a ação das pessoas e procure rotulá-las. Por exemplo, pessoas se organizando para tomar um ônibus [*formação de filas*]; um funcionário informando a uma pessoa o local onde deve entregar um documento [*atendimento ao público*]; um grupo de idosos jogando dominó [*lazer na terceira idade*].

2. Localize a transcrição de uma entrevista num relatório de pesquisa. Analise o texto palavra por palavra e, após identificar os principais conceitos, proceda à sua rotulação.
3. Identifique categorias referentes a um determinado tema. Procure desenvolvê-las em termos de suas propriedades e dimensões, e diferenciá-las, dividindo-as em subcategorias.
4. Leia atentamente o relato de um fato apresentado num jornal. Com base nos elementos fornecidos, procure elaborar um paradigma, indicando claramente condições, ações/interações e consequências.

17

COMO DELINEAR UMA PESQUISA-AÇÃO?

17.1 Etapas da pesquisa-ação

O planejamento da pesquisa-ação difere significativamente dos outros tipos de pesquisa já considerados. Não apenas em virtude de sua flexibilidade, mas, sobretudo, porque, além dos aspectos referentes à pesquisa propriamente dita, envolve também a ação dos pesquisadores e dos grupos interessados, o que ocorre nos mais diversos momentos da pesquisa. Daí por que se torna difícil apresentar seu planejamento com base em fases ordenadas temporalmente.

O planejamento de pesquisas qualitativas, como a etnográfica e a fenomenológica, e mesmo dos estudos de caso, também é flexível. Todavia, nesses delineamentos é possível pelo menos ordenar cronologicamente suas fases. Já na pesquisa-ação ocorre um constante vaivém entre as fases, que é determinado pela dinâmica do relacionamento entre os pesquisadores e a situação pesquisada. Assim, o que se torna possível na pesquisa-ação é apresentar alguns conjuntos de ações que, embora não ordenados no tempo, podem ser considerados etapas da pesquisa-ação:

a) fase exploratória;
b) formulação do problema;
c) construção de hipóteses;
d) realização do seminário;
e) seleção da amostra;
f) coleta de dados;
g) análise e interpretação dos dados;

h) elaboração do plano de ação;
i) divulgação dos resultados.

17.2 Fase exploratória

A fase exploratória da pesquisa-ação objetiva determinar o campo de investigação, as expectativas dos interessados, bem como o tipo de auxílio que estes poderão oferecer ao longo do processo de pesquisa. Enquanto na pesquisa clássica a fase exploratória costuma caracterizar-se pela imersão sistemática na literatura disponível acerca do problema, na pesquisa-ação essa fase privilegia o contato direto com o campo em que está desenvolvida. Isso implica o reconhecimento visual do local, a consulta a documentos diversos e, sobretudo, a discussão com representantes das categorias sociais envolvidas na pesquisa.

17.3 Formulação do problema

Após a fase exploratória, procede-se à formulação do problema. Procura-se garantir que o problema seja definido com a maior precisão possível. Cabe, porém, lembrar que, enquanto na pesquisa clássica os problemas referentes a como fazer as coisas tendem a ser rechaçados, na pesquisa-ação, são privilegiados. Por exemplo, se uma pesquisa tem por objetivo investigar as causas da evasão escolar em determinado bairro, imediatamente a ele procura-se associar um problema prático: como reduzir a evasão. Sem esse objetivo de solucionar problemas práticos a pesquisa-ação não teria sentido, já que seria difícil conseguir a participação dos interessados.

A pesquisa-ação, todavia, não se restringe aos aspectos práticos, tanto é que a mediação teórico-conceitual se torna presente ao longo de toda a pesquisa.

17.4 Construção de hipóteses

Na pesquisa-ação também se privilegia a construção de hipóteses expressas em termos claros, de forma concisa e sem ambiguidade gramatical. Mas, diferentemente do que ocorre em outras modalidades de pesquisa, as hipóteses não são construídas com o propósito de serem testadas, mas de indicar possíveis soluções ao problema identificado na pesquisa.

17.5 Realização do seminário

Os passos que se seguem à formulação do problema de pesquisa têm como principal ponto de referência o seminário. Este reúne os principais membros da equipe de pesquisadores e membros significativos dos grupos interessados na pesquisa. O seminário recolhe as propostas dos participantes, bem como contribuições de especialistas convidados. De sua discussão e aprovação é que são elaboradas as diretrizes de pesquisa e de ação.

17.6 Seleção da amostra

Tão logo tenha sido delimitado o universo da pesquisa, surge o problema de determinar os elementos que serão pesquisados.

Quando o universo de investigação é geograficamente concentrado e pouco numeroso, convém que sejam pesquisados todos os elementos. Isso é importante para garantir a conscientização e a mobilização da população em torno da proposta de ação envolvida pela pesquisa.

Quando, porém, o universo é numeroso e esparso, é recomendável a seleção de uma amostra. Isso não significa, no entanto, que a amostra deva ser selecionada de acordo com procedimentos rigidamente estatísticos, já que poderiam neutralizar o efeito de conscientização que é pretendido nesse tipo de investigação. De modo geral, o critério de representatividade dos grupos investigados na pesquisa-ação é mais qualitativo que quantitativo. Daí por que o mais recomendável nas pesquisas desse tipo é a utilização de amostras selecionadas pelo critério de intencionalidade. Uma amostra intencional, em que os indivíduos são selecionados com base em certas características tidas como relevantes pelos pesquisadores e participantes, mostra-se mais adequada para a obtenção de dados numa pesquisa-ação.

A intencionalidade torna uma pesquisa mais rica em termos qualitativos. Suponha-se uma pesquisa que tenha por objetivo identificar atitudes políticas de um grupo de operários. Como a pesquisa tem como objetivo a mobilização do grupo envolvido, será interessante selecionar trabalhadores conhecidos como elementos ativos em relação aos movimentos sindicais e políticos, bem como trabalhadores sem qualquer participação em movimentos dessa natureza. As informações que esses dois grupos de trabalhadores podem transmitir serão muito mais ricas que as que seriam obtidas com base em critérios rígidos de seleção de amostra. Claro que essas informações não são generalizáveis para a totalidade da população, mas podem proporcionar os elementos necessários para a identificação da dinâmica do movimento.

17.7 Coleta de dados

Diversas técnicas são adotadas para a coleta de dados na pesquisa-ação. A mais usual é a entrevista aplicada coletiva ou individualmente. Também se utiliza o questionário, sobretudo quando o universo a ser pesquisado é constituído por grande número de elementos. Outras técnicas aplicáveis são: observação participante, história de vida, análise de conteúdo e sociodrama. Esta última mostra-se adequada para a investigação de situações marcadas por relações de desigualdade: patrão/empregado, professor/aluno, homem/mulher etc.

Diversamente das pesquisas elaboradas segundo o modelo clássico de investigação científica em que as técnicas se caracterizam pela padronização, a pesquisa-ação tende a adotar procedimentos flexíveis. Primeiramente porque ao longo do processo de pesquisa os objetos são constantemente redefinidos, sobretudo com base nas decisões do seminário. Isso pode implicar, por exemplo, mudanças significativas no conteúdo do questionário ou mesmo em sua substituição por outra técnica. Em segundo lugar, porque técnicas padronizadas, como o questionário fechado, proporcionam informações de baixo nível argumentativo, dificultando, consequentemente, o trabalho interpretativo.

17.8 Análise e interpretação dos dados

A análise e interpretação dos dados na pesquisa-ação constitui tema bastante controvertido. Há pesquisas em que os procedimentos adotados são muito semelhantes aos da pesquisa clássica, o que implica considerar os passos: categorização, codificação, tabulação, análise estatística e generalização. Há, porém, pesquisas em que se privilegia a discussão em torno dos dados obtidos, de onde decorre a interpretação de seus resultados. Dessa discussão participam pesquisadores, participantes e especialistas convidados. Muitas vezes, o trabalho interpretativo é elaborado com base apenas nos dados obtidos empiricamente. Há casos, entretanto, em que contribuições teóricas são relevantes. Por exemplo, nas pesquisas sobre migração e movimentos sindicais, que envolvem muitas variáveis não manifestas, as contribuições teóricas são muito importantes. Só com base nelas é que os dados obtidos podem ser organizados segundo um quadro de referência que lhes empresta significado.

17.9 Elaboração do plano de ação

A pesquisa-ação concretiza-se com o planejamento de uma ação destinada a enfrentar o problema que foi objeto de investigação. Isso implica a elaboração de um plano ou projeto que indique:

a) quais os objetivos que se pretende atingir;
b) a população a ser beneficiada;
c) a natureza da relação da população com as instituições que serão afetadas;
d) a identificação das medidas que podem contribuir para melhorar a situação;
e) os procedimentos a serem adotados para assegurar a participação da população e incorporar suas sugestões;
f) a determinação das formas de controle do processo e de avaliação de seus resultados.

17.10 Divulgação dos resultados

A etapa de divulgação dos resultados da pesquisa-ação confunde-se com a de elaboração do plano de ação. Ocorre, porém, que a informação obtida também pode ser divulgada externamente aos setores interessados, por intermédio de congressos, conferências, simpósios, meios de comunicação de massa ou elaboração de relatórios com as mesmas formalidades dos outros tipos de pesquisa.

Como delinear uma pesquisa-ação?

Leitura recomendada

THIOLLENT, Michel. *Pesquisa-ação nas organizações*. São Paulo: Atlas, 1997.

Esse livro apresenta e discute a metodologia da pesquisa-ação aplicada em organizações, com o intuito de atualizar suas potencialidades críticas. Ao longo da obra, o autor apresenta os procedimentos a serem desenvolvidos na elaboração de projetos de pesquisa-ação.

Exercícios e trabalhos práticos

1. Considere a recomendação de Durkheim segundo a qual os fatos sociais devem ser tratados como coisas. Será que na pesquisa-ação essa recomendação pode ser observada?
2. Analise em que medida a política de pessoal de uma organização pode facilitar ou dificultar a realização de uma pesquisa-ação.
3. Formule problemas que recomendem uma estratégia do tipo pesquisa-ação.
4. Discuta o papel do seminário no planejamento de uma pesquisa-ação.

18

COMO DELINEAR UMA PESQUISA PARTICIPANTE?

18.1 Etapas da pesquisa participante

Constitui tarefa difícil, se não impossível, determinar com precisão as etapas de uma pesquisa participante. Muito mais difícil que a determinação das etapas da pesquisa-ação. Isso porque nesta, de modo geral, existe o empenho de uma instituição governamental ou privada interessada nos resultados da investigação e, como tal, disposta a financiá-la. Dessa forma, torna-se possível definir algum tipo de planejamento. Já na pesquisa participante (pelo menos da forma como é concebida no Terceiro Mundo), os grupos interessados são constituídos por pessoas de parcos recursos (trabalhadores rurais, favelados, índios etc.), o que dificulta a elaboração de um plano rigoroso de pesquisa. Em virtude das dificuldades para contratação de pesquisadores e assessores, para reprodução de material para coleta de dados e mesmo para garantir a colaboração dos grupos presumivelmente interessados, o planejamento da pesquisa tende, na maioria dos casos, a ser bastante flexível. Torna-se difícil, portanto, prever com precisão os passos a serem seguidos numa pesquisa participante. Embora a literatura indique propostas, como a de Freire (1981), Garcia (1984) e Le Boterf (1984).

A mais divulgada é a de Le Boterf, que apresenta seis fases: discussão do projeto de pesquisa; definição do quadro teórico (objetivos, conceitos, métodos etc.); delimitação da região a ser estudada; organização do processo de pesquisa (instituições e grupos a serem associados, distribuição de tarefas, partilha das decisões etc.); seleção e formação dos pesquisadores ou grupos de pesquisa; e elaboração do cronograma de operações.

Adota-se aqui um esquema simplificado que abrange quatro grandes etapas:
a) montagem institucional e metodológica da pesquisa participante;
b) estudo preliminar da região e da população pesquisadas;

c) análise crítica dos problemas;
d) elaboração do plano de ação.

18.2 Montagem institucional e metodológica da pesquisa participante

Nessa primeira etapa, os pesquisadores, em conjunto com representantes da população a ser pesquisada, desenvolvem as seguintes tarefas:

a) determinação das bases teóricas da pesquisa (formulação dos objetivos, definição de conceitos, construção de hipóteses etc.);
b) definição das técnicas de coleta de dados;
c) delimitação da região a ser estudada;
d) organização do processo de pesquisa participante (identificação dos colaboradores, distribuição das tarefas, partilha das decisões etc.);
e) preparação dos pesquisadores;
f) elaboração do cronograma de atividades a serem realizadas.

18.3 Estudo preliminar da região e da população pesquisadas

Essa segunda etapa, de acordo com Le Boterf (1984), inclui três partes:

a) identificação da estrutura social da população;
b) descoberta do universo vivido pela população;
c) recenseamento dos dados socioeconômicos e tecnológicos.

A identificação da estrutura social da população implica descobrir as diferenças sociais de seus membros, as posições dos grupos e também os conflitos entre eles. Esse é um aspecto importante da pesquisa participante, que a distingue dos tradicionais "estudos de comunidade". Enquanto estes tendem a encarar os indivíduos como participantes de grupamentos relativamente homogêneos, a pesquisa participante coloca-se a serviço dos oprimidos, necessitando identificar com clareza quem são eles no âmbito de uma "comunidade".

A descoberta do universo vivido pela população implica compreender, numa perspectiva interna, o ponto de vista dos indivíduos e dos grupos acerca das situações que vivem. Para tanto, os pesquisadores devem adotar preferencialmente técnicas qualitativas de coleta de dados e também uma atitude positiva de escuta e de empatia. Isso pode implicar conviver com a comunidade, partilhar seu cotidiano: "ouvir, em vez de tomar notas ou fazer registros; ver e observar, em vez de filmar; sentir, tocar em vez de estudar; 'viver junto' em vez de visitar" (LE BOTERF, 1984, p. 58).

Essa postura pode, naturalmente, conduzir à subjetividade. Para evitar esse risco, o pesquisador pode utilizar concomitantemente técnicas estruturadas e adotar

Como delinear uma pesquisa participante?

quadros teóricos de análise que emprestam maior significação e generalidade aos dados obtidos.

A pesquisa participante necessita também de dados objetivos sobre a situação da população. Isso implica a coleta de dados socioeconômicos e tecnológicos que, de modo geral, são de natureza idêntica aos obtidos nos tradicionais "estudos de comunidade". Esses dados, por sua vez, podem ser agrupados em categorias, tais como:

a) dados geográficos (orografia, hidrografia, clima etc.);
b) dados demográficos (distribuição da população, taxa de natalidade, correntes migratórias);
c) dados econômicos (atividades econômicas, produção agrícola, produção industrial, comercialização);
d) dados sanitários (saúde, mortalidade infantil);
e) dados habitacionais (tipo de moradia, número de cômodos por família);
f) dados viários (comunicações e transportes);
g) dados educacionais (nível de escolaridade, educação extraescolar).

18.4 Análise crítica dos problemas

Os dados obtidos na fase anterior conduzem à formulação de problemas. Estes, por sua vez, passam a ser discutidos pelos participantes da pesquisa. Constituem-se, assim, "grupos de estudos" para a análise crítica dos problemas considerados prioritários.

Essa análise crítica objetiva promover nos grupos de estudo um conhecimento mais objetivo dos problemas. Procura ir além das representações cotidianas desses problemas. Para tanto, os orientadores da pesquisa propõem o questionamento dessas representações. Por exemplo, em relação ao problema da repetência escolar, seria errôneo considerar que as causas seriam devidas exclusivamente à incapacidade dos alunos.

Nessa fase de crítica da representação do problema, caberia considerar outros aspectos, tais como: o tempo que a criança dispõe para estudar, os estímulos recebidos no meio familiar, a maneira como é tratada na escola, o interesse que lhe desperta a matéria lecionada e também a real importância dos conhecimentos que a escola transmite.

Após esse questionamento, passa-se à reformulação mais objetiva do problema, que envolve: a) a descrição do problema; b) a identificação das causas do problema; e c) a formulação de hipóteses de ação.

18.5 Elaboração do plano de ação

Com base nas hipóteses formuladas na fase anterior, elabora-se o plano de ação, que comporta:

a) ações educativas que permitam analisar os problemas e as situações vividas;
b) medidas que possam melhorar a situação em nível local;
c) ações educativas para viabilizar a execução de tais medidas;
d) ações que encaminhem soluções a curto, médio ou longo prazo, em nível local ou em escala mais ampla.

Como se pode verificar, uma pesquisa participante não se encerra com a elaboração de um relatório, mas com um plano de ação que, por sua vez, poderá ensejar nova pesquisa. Daí o caráter informal e dialético dessa modalidade de pesquisa. Seus resultados não são tidos como conclusivos, mas tendem a gerar novos problemas que exigem novas ações. Na realidade, a evolução dos conhecimentos mediante a pesquisa participante processa-se em espiral: suas fases repetem-se, mas em nível superior, como indica uma das leis fundamentais da dialética.

Em muitos meios ligados à prática da pesquisa participante, nota-se o desencorajamento quanto à redação de relatórios formalizados. Dar prioridade à escritura seria dar poder àqueles que aprenderam seu código, particularmente os que frequentaram universidades. Dessa forma, seria necessário romper-se com a dominação da escrita e favorecer a utilização dos próprios meios de expressão dos pesquisados. Se a cultura é oral, devem-se preferir as reuniões, os debates e as narrativas.

Leitura recomendada

LE BOTERF, Guy. Pesquisa participante: propostas e reflexões metodológicas. *In*: BRANDÃO, Carlos Rodrigues (org.). *Repensando a pesquisa participante*. 3. ed. São Paulo: Brasiliense, 1999.

Nesse artigo, elaborado com base em sua experiência como funcionário da UNESCO na América Latina, o autor propõe uma orientação metodológica para a realização de uma pesquisa participante.

Exercícios e trabalhos práticos

1. Selecione alguns temas de pesquisa, tais como: transportes urbanos, alimentação, segurança pública, prostituição, toxicomania e estabilidade no emprego. Discuta-os com seus colegas de classe, procurando, a partir daí, formular problemas de pesquisa. Depois, discuta esses mesmos temas com pessoas cujo *status* socioeconômico seja reconhecidamente baixo. Por fim, analise em que medida a percepção dos problemas difere em função do grupo que os analisa.

2. Na coluna esquerda do quadro seguinte são indicadas algumas das características das pesquisas desenvolvidas segundo o modelo clássico. Procure, na coluna direita, indicar características da pesquisa participante, de forma tal que fiquem esclarecidas as diferenças entre os dois tipos de pesquisa.

Como delinear uma pesquisa participante?

Modelo clássico de pesquisa	Pesquisa participante
• Definição clara e precisa do fenômeno a ser investigado; • Etapas bem delimitadas; • Baixo nível de envolvimento do pesquisador com os pesquisados; • Emprego preferencial de técnicas padronizadas de coleta de dados; • Amostra selecionada segundo princípios probabilísticos; • Ênfase na análise qualitativa dos dados; • Extrema preocupação com a objetividade; • Exclusiva preocupação com o conhecimento do fenômeno.	

3. Discuta a importância do *feedback* aos participantes da pesquisa como instrumento para reforçar a capacidade de análise e de ação das populações.
4. Identifique conhecimentos, habilidades e atitudes necessárias para a atuação de um pesquisador nessa modalidade de pesquisa.

19
COMO DELINEAR PESQUISAS DE MÉTODOS MISTOS?

Há pesquisadores que consideram pesquisas de métodos mistos aquelas em que foram utilizadas tanto técnicas quantitativas quanto qualitativas para coleta dos dados. Mas, a rigor, pesquisa de métodos mistos é aquela em que o pesquisador coleta e analisa dados ou achados e extrai inferências usando abordagens ou métodos quantitativos e qualitativos em um único estudo ou programa de investigação (TASHAKKORI; CRESWELL, 2007). Isso significa que as pesquisas de métodos mistos combinam harmoniosamente procedimentos quantitativos e qualitativos. Daí a existência de diferentes delineamentos. Creswell e Clark (2013) definem seis diferentes modalidades: sequencial explanatório (coleta e análise de dados quantitativos seguidas pela coleta e análise de dados qualitativos); sequencial exploratório (coleta e análise de dados qualitativos seguidas pela coleta e análise de dados quantitativos); paralelo convergente (coleta e análise tanto de dados quantitativos quanto qualitativos durante a mesma etapa do processo); incorporado (coleta de dados quantitativos e qualitativos em uma única fase, mas com um método predominante); transformativo (utilização de uma estrutura teórica de base transformativa com o propósito de prever as necessidades de populações sub-representadas ou marginalizadas) e multifásico (sequência de estudos quantitativos e qualitativos interconectados). São abordados aqui os três primeiros, que correspondem à maioria das pesquisas que são realizadas sob o título de métodos mistos.

19.1 Delineamento sequencial explanatório

O delineamento sequencial explanatório caracteriza-se pela coleta e análise de dados quantitativos seguidas pela coleta e análise de dados qualitativos. É geralmente adotado com o propósito de utilizar dados qualitativos para auxiliar na interpretação dos resultados de um estudo primariamente quantitativo. Mostra-se adequado quando o pesquisador percebe a necessidade de dados qualitativos para explicar resultados obtidos com dados quantitativos que se mostraram discrepantes ou surpreendentes. Também pode ser utilizado quando o pesquisador deseja definir grupos de acordo com os resultados quantitativos e fazer o seu acompanhamento mediante pesquisa qualitativa (CRESWELL; CLARK, 2013). O delineamento explanatório é o mais direto dentre os delineamentos de pesquisa mista. Suas etapas são facilmente definidas:

19.1.1 Planejamento da implementação dos procedimentos quantitativos

Nessa etapa, procede-se à definição dos objetivos da pesquisa segundo uma perspectiva quantitativa, à seleção da amostra, à elaboração do instrumento, à coleta e à análise dos dados. Os instrumentos mais utilizados são o questionário e a entrevista estruturada. Os resultados, por sua vez, são analisados mediante a adoção de procedimentos de estatística descritiva ou inferencial, de acordo com os propósitos da pesquisa, que pode ser descritiva ou explicativa.

19.1.2 Acompanhamento dos resultados quantitativos

Com base nos resultados obtidos na etapa quantitativa, procede-se à determinação dos resultados a serem explicados. Isso implica identificar: 1) resultados significativos; 2) resultados não significativos; 3) resultados discrepantes; 4) resultados surpreendentes; ou 5) diferenças entre grupos que compõem o universo da pesquisa. Esses resultados serão utilizados para formular as questões de pesquisa qualitativa, determinar participantes para compor a amostra e elaborar os instrumentos para coleta de dados na etapa subsequente.

19.1.3 Planejamento da implementação dos procedimentos qualitativos

Nesta etapa, procede-se à elaboração das questões de pesquisa qualitativa, à seleção de uma amostra para ajudar a explicar os resultados quantitativos, à coleta e à análise dos dados. A amostra nessa etapa deve ser intencional, ou seja, selecionada intencionalmente entre os participantes que vivenciaram o fenômeno central da pesquisa. Uma das estratégias mais recomendadas é a da amostragem de variação máxima, em que são selecionados indivíduos que se espera terem diferentes perspectivas sobre o fenômeno central. Para a coleta de dados, a estratégia mais utilizada é a entrevista, embora outros procedimentos, como a observação participante, também possam ser adotados. Para análise dos dados, utilizam-se os procedimentos reconhecidos como mais adequados de acordo com o enfoque adotado, que pode ser, por exemplo, o fenomenológico ou de construção de teoria fundamentada (*grounded theory*), apresentados nos Capítulos 15 e 16.

19.1.4 Interpretação dos resultados conectados

Nesta última etapa, procede-se inicialmente à sintetização e interpretação dos resultados obtidos nas duas etapas, separadamente. A seguir, procede-se à discussão acerca de que maneira e com que extensão os resultados qualitativos contribuem para explicar os resultados quantitativos.

19.2 Delineamento sequencial exploratório

O delineamento sequencial exploratório é conduzido em duas fases, sendo a primeira caracterizada pela coleta e análise de dados qualitativos e a segunda pela coleta e análise de dados quantitativos. Seu propósito é utilizar resultados quantitativos para auxiliar na interpretação de resultados qualitativos. Diferentemente do delineamento sequencial explanatório, que é mais apropriado para explicar e interpretar relações, o propósito desse delineamento é o de explorar o fenômeno. Ele pode ser utilizado, por exemplo, para desenvolver um instrumento que ainda não está disponível, para generalizar resultados qualitativos, para estudar um fenômeno com maior profundidade ou para testar aspectos de uma teoria emergente. Seu desenvolvimento, de modo geral, segue as seguintes etapas (CRESWELL; CLARK, 2013):

19.2.1 Planejamento da implementação dos procedimentos qualitativos

Nesta etapa, procede-se à definição dos objetivos da pesquisa segundo uma perspectiva qualitativa, à seleção da amostra, à coleta e à análise dos dados. Para coleta de dados, utiliza-se geralmente alguma modalidade de entrevista não muito estruturada. Na análise dos dados, por sua vez, adotam-se procedimentos adequados para responder às questões de pesquisa, bem como para identificar as informações necessárias para conduzir a segunda etapa.

19.2.2 Definição de estratégias para lidar com os resultados qualitativos

Nesta etapa, procede-se ao refinamento das questões ou hipóteses que orientarão a etapa quantitativa da pesquisa. Determina-se também como os participantes deverão ser selecionados para compor a amostra quantitativa. Pode ser conveniente, ainda, realizar um teste piloto com um instrumento de coleta de dados.

19.2.3 Planejamento e implementação dos procedimentos quantitativos

Nesta etapa, estabelecem-se inicialmente as questões ou hipóteses da pesquisa quantitativa. Procede-se, então, à seleção da amostra da população e coletam-se os dados requeridos. Conclui-se essa etapa com a análise dos dados referentes à pesquisa quantitativa.

19.2.4 Interpretação dos resultados conectados

Conclui-se a pesquisa com o resumo e a interpretação tanto dos resultados qualitativos quanto dos quantitativos e discute-se em que medida os resultados quantitativos generalizam ou testam os resultados qualitativos.

19.3 Delineamento convergente

O delineamento convergente caracteriza-se pela coleta e análise tanto de dados quantitativos quanto qualitativos durante a mesma etapa do processo de pesquisa, seguida da fusão dos dois conjuntos de dados em uma interpretação geral. Seu propósito é o de obter dados diferentes, mas complementares, sobre o mesmo tópico, para melhor entender o problema de pesquisa. O que se pretende com esse delineamento é aliar as vantagens dos métodos quantitativos (amostragem representativa, quantificação, generalização etc.) às vantagens dos métodos qualitativos (pequenas amostras, profundidade etc.). Seu desenvolvimento ocorre segundo as etapas:

19.3.1 Planejamento e coleta de dados

Nesta etapa, procede-se ao planejamento e coleta de dados referentes tanto ao elemento quantitativo quanto ao qualitativo. Esses procedimentos são desenvolvidos simultaneamente, mas em separado; ou seja, um não depende dos resultados do outro. Embora os objetivos sejam diferentes, é necessário que tanto os dados quantitativos quanto os qualitativos se refiram aos mesmos conceitos. Logo, é preciso que as técnicas de coleta de dados, embora específicas para cada elemento, estejam relacionadas. Por exemplo, em relação à pesquisa qualitativa, poderá ser utilizado um questionário fechado, e em relação à qualitativa, uma entrevista aberta. Os dados obtidos, todavia, devem ser comparáveis.

19.3.2 Análise dos dados

A análise dos dados quantitativos e qualitativos é feita separadamente. Os resultados quantitativos são analisados mediante a adoção de procedimentos de estatística descritiva ou inferencial, de acordo com os propósitos da pesquisa, que pode ser descritiva ou explicativa. Os resultados qualitativos, por sua vez, são analisados mediante procedimentos diversos, conforme o enfoque adotado (fenomenológico, etnográfico etc.). É importante, porém, garantir que os resultados sejam apresentados em categorias analíticas para possibilitar a fusão dos resultados na etapa seguinte.

19.3.3 Fusão de resultados

Após a análise dos dados quantitativos e qualitativos, procede-se à sua fusão. Diferentes opções podem ser identificadas para o alcance desse propósito. A mais usual é caracterizada pelos seguintes passos: 1) identificar as dimensões a serem consideradas na comparação dos resultados quantitativos e qualitativos; 2) especificar

Como delinear pesquisas de métodos mistos?

as informações correspondentes a cada dimensão que deverão ser comparadas; 3) completar as análises quantitativas e/ou qualitativas refinadas para produzir as informações de comparação necessárias; e 4) representar as comparações utilizando matrizes ou diagramas.

19.3.4 Interpretação dos resultados fundidos

A interpretação dos resultados implica discutir de que maneira os resultados quantitativos e qualitativos convergem, divergem, relacionam-se um com o outro e/ou produzem um entendimento mais completo. Cabe, então, indagar: se ocorrerem divergências, como deverão ser tratadas? Reexame das bases de dados, exploração adicional da literatura e coleta de dados adicionais são procedimentos que contribuem para uma interpretação mais satisfatória. Quando, porém, não se mostrarem eficazes, o que cabe ao pesquisador é reorientar sua pesquisa.

Leitura recomendada

CRESWELL, John W.; CLARK, Vicki L. Plano. *Pesquisa de métodos mistos*. 2. ed. Porto Alegre: Penso, 2013.

Trata-se da mais completa obra de caráter didático referente à pesquisa de métodos mistos.

Exercícios e trabalhos práticos

1. Após analisar os resultados apresentados em alguns relatos de pesquisa qualitativa ou quantitativa, considere como poderiam ser melhorados com a realização de pesquisas de métodos mistos.
2. Compare os delineamentos explanatório e exploratório, em seguida, indique em que circunstâncias um ou outro se torna o mais recomendado.
3. Considere como os pressupostos ideológicos que fundamentam o delineamento transformativo podem ser críticos em relação aos resultados obtidos.
4. Discuta as competências técnicas requeridas dos pesquisadores empenhados na condução de delineamentos multifásicos.

20
COMO CALCULAR O TEMPO E O CUSTO DO PROJETO?

20.1 Dimensão administrativa da pesquisa

É muito frequente encontrarem-se obras de metodologia que tratam exclusivamente dos aspectos científicos da pesquisa, deixando de lado os aspectos administrativos, tais como tempo e custos. Todavia, por melhor que seja a preparação metodológica, pouca probabilidade de viabilização tem um projeto que não considere esses aspectos.

Como qualquer atividade humana, pesquisa implica tempo e dinheiro. E mesmo que a pesquisa não exija financiamento externo, é necessário que o projeto envolva considerações acerca do cronograma e do orçamento da pesquisa. Sem isso, o pesquisador corre o risco de perder o controle do projeto.

20.2 Cronograma da pesquisa

Como a pesquisa se desenvolve em várias etapas, é necessário fazer a previsão do tempo necessário para se passar de uma fase para outra. Como, também, determinadas fases são desenvolvidas simultaneamente, é necessário ter a indicação de quando isso ocorre.

Para tanto, convém definir um cronograma que indique com clareza o tempo de execução previsto para as diversas fases, bem como os momentos em que estas se interpõem. Esse cronograma, numa representação bastante prática (conhecida como gráfico de Gantt), é constituído por linhas, que indicam as fases da pesquisa, e por colunas, que indicam o tempo previsto.

A Figura 20.1 mostra o cronograma de uma pesquisa do tipo levantamento.

20 — Como calcular o tempo e o custo do projeto?

Etapas do Levantamento	Dias
1. Especificação dos objetivos	2–3
2. Operacionalização dos conceitos	5–6
3. Elaboração do questionário	7–10
4. Pré-teste do questionário	12–14
5. Seleção da amostra	13–14
6. Impressão dos questionários	16
7. Seleção dos pesquisadores	8–9
8. Treinamento dos pesquisadores	17–18
9. Coleta de dados	20–22
10. Análise e interpretação dos dados	25–27
11. Redação do relatório	30–32

Figura 20.1 Cronograma de uma pesquisa.

É claro que o cronograma de pesquisa corresponde apenas a uma estimativa do tempo. Por uma série de fatores imprevistos, os prazos podem deixar de ser observados. Contudo, à medida que o pesquisador tenha ampla experiência e a organização a que pertence disponha dos recursos necessários, o cronograma elaborado tem grandes chances de ser observado.

20.3 Orçamento da pesquisa

Para estimar os gastos com a pesquisa, convém elaborar um orçamento. Para ser adequado, este deverá considerar os custos referentes a cada etapa da pesquisa, segundo os itens de despesa. Nesse orçamento, deverão ser discriminados os itens de despesa, com a indicação das quantidades, do custo unitário e do custo total. Convém que os itens sejam agrupados em seções, como:

a) *Material permanente*. Materiais que têm durabilidade prolongada e permanecem após o encerramento do projeto. Por exemplo: despesas com aquisição de máquinas, equipamentos hospitalares, equipamentos para acampamento, computadores, impressoras, móveis, livros etc.

b) *Material de consumo*. Materiais que não têm durabilidade prolongada. São consumidos durante a realização da pesquisa. Por exemplo: papel, tinta para impressora, canetas, material para fotografia e filmagem, material de proteção, material de limpeza, combustível etc.

c) *Diárias*. Despesas com alimentação e pousada do pessoal envolvido na execução do projeto.

d) *Passagens e despesas com locomoção*. Despesas com aquisição de passagens aéreas e terrestres, taxas de embarque etc.

e) *Outros serviços de terceiros*. Podem incluir fretes e carretos, conservação e adaptação de bens imóveis; serviços de comunicação e divulgação; despesas com congressos, simpósios, conferências ou exposições etc.

Essa discriminação poderá parecer exagerada para alguns pesquisadores. Mas é importante fazê-la, sobretudo quando se deseja obter recursos de agências de fomento. Como o principal produto dessas agências é constituído pela concessão de financiamento, precisam organizar suas ações mediante observação dos princípios da administração financeira e contábil.

A Figura 20.2 exemplifica a elaboração de um orçamento de pesquisa com base nos itens de despesa prevista, agrupados nas seções: material permanente, material de consumo, recursos humanos e infraestrutura.

| **Material permanente** |||||
Item	Descrição	Quantidade	Custo unitário	Total
				Total:
Material de consumo				
Item	Descrição	Quantidade	Custo unitário	Total
				Total:
Despesas com locomoção				
Item	Descrição	Quantidade	Custo unitário	Total
				Total:
				Total geral:

Figura 20.2 Cálculo dos custos de um projeto de pesquisa.

Também é preciso ficar atento à exigência de algumas agências de fomento quanto à especificação das metas e dos indicadores de desempenho. Assim, para cada uma das metas, torna-se necessário definir as atividades necessárias para sua execução, com indicação do início e término de cada uma delas, os resultados a serem alcançados, além da indicação do pessoal envolvido, as cargas horárias semanais e os custos estimados (Figura 20.3).

Como calcular o tempo e o custo do projeto?

Meta 01 (Descrição):

Atividades	Início	Término	Resultado a ser atingido	Pessoal envolvido	Horas semanais	Custo estimado (em R$)
						Total:

Figura 20.3 Metas principais e indicadores de desempenho (exemplo).

Leitura recomendada

KISIL, Rosa. *Elaboração de projetos e propostas para organizações da sociedade civil*. São Paulo: Global, 2001.

Esse livro foi elaborado com a finalidade de orientar a elaboração de projetos para organizações não governamentais (ONGs) e contribui para a elaboração de orçamentos de projetos de pesquisa.

Exercícios e trabalhos práticos

1. Selecione alguns relatórios de pesquisas e procure identificar o tempo despendido em cada uma de suas fases.
2. Identifique fatores que podem determinar atrasos no cronograma de uma pesquisa.
3. Relacione consequências desfavoráveis que podem advir da não observância do cronograma de uma pesquisa.
4. Escolha um relatório de pesquisa bem detalhado e procure fazer uma estimativa de seus custos.

21

COMO REDIGIR O PROJETO DE PESQUISA?

Como as pesquisas diferem muito entre si, não há como definir um roteiro rígido aplicável a todos os projetos. Mas é possível oferecer um modelo relativamente flexível que considere os elementos essenciais e possibilite a inclusão dos itens inerentes à especificidade da pesquisa. Assim, seguem-se orientações para a redação de projetos baseadas em manuais de diferentes universidades e institutos de pesquisa, bem como nas normas da Associação Brasileira de Normas Técnicas (ABNT).

21.1 Estrutura do texto

Os itens que compõem o texto de um projeto dependem de suas finalidades, pois este pode referir-se a uma pesquisa profissional ou acadêmica. Na última hipótese, pode destinar-se também à qualificação de um candidato, a uma dissertação de mestrado ou doutorado ou à solicitação de um financiamento de pesquisa.

Segundo a Norma Brasileira (ABNT NBR 15287:2011), a estrutura de um projeto de pesquisa compreende: elementos pré-textuais, elementos textuais e elementos pós-textuais.

21.1.1 Elementos pré-textuais

Os elementos pré-textuais são:

- **Capa (opcional)**

    Apresenta as informações transcritas na seguinte ordem: 1) nome(s) do(s) autor(es); 2) título; 3) subtítulo (se houver, devendo ser evidenciada a sua subordinação ao título, precedido de dois-pontos, ou distinguido tipograficamente);

4) número do volume (se houver mais de um); 5) tipo de projeto de pesquisa e nome da entidade a que deve ser submetido; 6) nome do orientador, coorientador ou coordenador (se houver); 7) local (cidade) da entidade onde deve ser apresentado; 8) ano de depósito (entrega).

- *Lombada (opcional)*
- *Folha de rosto*

Apresenta as informações transcritas na seguinte ordem: 1) nome(s) do(s) autor(es); 2) título; 3) subtítulo (se houver, devendo ser evidenciada a sua subordinação ao título, precedido de dois-pontos, ou distinguido tipograficamente); 4) tipo de projeto de pesquisa e nome da entidade a que deve ser submetido; 5) local (cidade) da entidade onde deve ser apresentado; 6) ano de depósito (entrega).

- *Lista de ilustrações (opcional)*
- *Lista de tabelas (opcional)*
- *Lista de abreviaturas e siglas (opcional)*
- *Lista de símbolos (opcional)*
- *Sumário*

21.1.2 Elementos textuais

Os elementos textuais devem ser constituídos de uma parte introdutória, na qual devem ser expostos o tema do projeto, o problema a ser abordado, a(s) hipótese(s), quando couber(em), bem como o(s) objetivo(s) a ser(em) atingido(s) e a(s) justificativa(s). É necessário também que sejam indicados o referencial teórico que o embasa, a metodologia a ser utilizada, assim como os recursos e o cronograma necessários à sua consecução.

Esses elementos textuais devem ser apresentados preferencialmente em seções específicas. A primeira corresponde à *Introdução*, que se inicia com a apresentação do tema do projeto e do problema que se pretende solucionar com a pesquisa, assim como sua delimitação espacial e temporal.

Também nessa seção procede-se à apresentação dos objetivos da pesquisa em termos claros e precisos. Recomenda-se, portanto, que em sua redação sejam utilizados verbos de ação, como *identificar*, *verificar*, *descrever*, *analisar* e *avaliar*. É possível em algumas pesquisas definir objetivos gerais e específicos. Quando a pesquisa envolver hipóteses, é necessário deixar explícitas as relações que se acredita existir entre as variáveis.

Cabe ainda na Introdução apresentar a justificativa da pesquisa, que poderá incluir: 1) fatores que determinaram a escolha do tema, sua relação com a experiência profissional ou acadêmica do autor, assim como sua vinculação à área temática ou linha da pesquisa do curso de pós-graduação, quando for o caso; 2) argumentos relativos à importância da pesquisa do ponto de vista teórico, metodológico ou empírico; 3) referência a sua possível contribuição para o conhecimento de alguma questão teórica ou prática ainda não solvida.

Uma segunda seção poderá corresponder à *Revisão da Literatura*. O que interessa aqui é contextualizar teoricamente o problema e apresentar o estágio atual de conhecimento acerca da questão. Isso implica o esclarecimento dos pressupostos teóricos que dão fundamentação à pesquisa, bem como das contribuições proporcionadas por investigações empíricas já realizadas. Cabe ressaltar que a Revisão da Literatura não é constituída apenas por referências ou sínteses do relato de estudos, mas por discussão crítica das obras citadas.

Outra seção imprescindível é a que trata do *Método* adotado na realização da pesquisa. Sua organização varia conforme as peculiaridades de cada estudo. Há, no entanto, algumas informações cuja apresentação é imprescindível, como as referentes a:

1) *tipo de pesquisa* (experimental, levantamento, estudo de caso etc.);
2) *população e amostra* (extensão da população, processo de extração da amostra etc.);
3) *coleta de dados* (descrição das técnicas, tais como questionários, entrevistas, observação etc.);
4) *análise dos dados* (testes de hipóteses, correlação, análise de regressão etc.).

Também é necessário elaborar o *Cronograma de execução*, indicando o tempo necessário para o desenvolvimento de cada uma das etapas da pesquisa (ver seção 20.2).

Quando o projeto destina-se à obtenção de financiamento, convém destinar uma seção correspondente ao *Orçamento da pesquisa* (ver seção 20.3).

21.1.3 Elementos pós-textuais

- *Referências*

Elemento obrigatório. Elaboradas conforme a ABNT NBR 6023.

- *Glossário (opcional)*
- *Apêndice (opcional)*

O(s) apêndice(s) é(são) identificado(s) por letras maiúsculas consecutivas, pelo travessão e pelos respectivos títulos.

- *Anexo (opcional)*

Elemento opcional. O(s) anexo(s) é(são) identificado(s) por letras maiúsculas consecutivas, pelo travessão e pelos respectivos títulos.

- *Índice (opcional)*

21.2 Estilo do texto

Os projetos de pesquisa são elaborados com a finalidade de serem lidos por professores ou pesquisadores incumbidos de analisar suas qualidades e limitações. Espera-se, portanto, que seu estilo seja adequado a esses propósitos. Embora cada pessoa tenha seu próprio estilo, ao se redigir o projeto, convém atentar para certas qualidades básicas da redação, que são apresentadas a seguir.

21.2.1 Impessoalidade

O relatório deve ser impessoal. Convém, para tanto, que seja redigido na terceira pessoa. Referências pessoais, como "meu projeto", "meu estudo" e "minha tese" devem ser evitadas. São preferíveis expressões como: "este projeto", "o presente estudo" etc.

21.2.2 Objetividade

O texto deve ser escrito em linguagem direta, evitando-se que a sequência seja desviada com considerações irrelevantes. A argumentação deve apoiar-se em dados e provas e não em considerações e opiniões pessoais.

21.2.3 Clareza

As ideias devem ser apresentadas sem ambiguidade, para não originar interpretações diversas. Deve-se utilizar vocabulário adequado, sem verbosidade, sem expressões com duplo sentido e evitar palavras supérfluas, repetições e detalhes prolixos.

21.2.4 Precisão

Cada palavra ou expressão deve traduzir com exatidão o que se quer transmitir, em especial no que se refere a registros de observações, medições e análises. As ciências possuem nomenclatura técnica específica que possibilita conferir precisão ao texto. O redator do relatório não pode ignorá-la. Para tanto, deverá recorrer a dicionários especializados e a outras obras que auxiliem na obtenção de precisão conceitual.

Deve-se evitar o uso de adjetivos que não indiquem claramente a proporção dos objetos, tais como pequeno, médio e grande, bem como expressões do tipo quase todos, boa parte etc. Também devem ser evitados advérbios que não explicitem exatamente o tempo, o modo e o lugar, como, por exemplo: recentemente, antigamente e lentamente. Deve-se preferir, sempre que possível, o uso de termos passíveis de quantificação, já que são estes os que conferem maior precisão ao texto.

21.2.5 Coerência

O texto deve ser elaborado de maneira harmoniosa, conferindo especial atenção à construção de parágrafos. Cada parágrafo deve referir-se a um único assunto e iniciar-se de preferência com uma frase que contenha a ideia-núcleo do parágrafo – o tópico frasal. A essa ideia básica associam-se, pelo sentido, outras ideias secundárias, mediante outras frases. Deve-se também evitar a criação de um texto no qual os parágrafos se sucedem uns aos outros como compartimentos estanques, sem nenhuma fluência entre si.

21.2.6 Concisão

O texto deve expressar as ideias com poucas palavras. Convém, portanto, que cada período envolva no máximo duas ou três linhas. Períodos longos, abrangendo várias orações subordinadas, dificultam a compreensão e tornam pesada a leitura. Não se deve temer a multiplicação de frases, pois facilitam o entendimento do texto.

21.2.7 Simplicidade

Devem ser utilizadas apenas as palavras necessárias. O uso de sinônimos pelo simples prazer da variedade deve ser evitado. Também se deve evitar o abuso dos jargões técnicos, que tornam a prosa pomposa, mas aborrecem o leitor. Convém lembrar que o excesso de palavras não confere autoridade a ninguém; muitas vezes, constitui artifício para encobrir a mediocridade.

21.3 Aspectos gráficos do texto

21.3.1 Formato

O texto deve ser digitado em cor preta. Se impresso, utilizar papel branco ou reciclado, no formato A4. Outras cores podem ser utilizadas, mas somente para as ilustrações. Os elementos pré-textuais devem iniciar no anverso da folha. Recomenda-se que os elementos textuais e pós-textuais sejam digitados no anverso e no verso das folhas.

Para digitação recomenda-se a utilização de fonte 12 para todo o texto, excetuando-se as citações de mais de três linhas, as notas de rodapé, a paginação e as legendas das ilustrações e das tabelas, que devem ser digitadas em tamanho menor e uniforme. No caso de citações de mais de três linhas, observa-se, também, um recuo de 4 cm da margem esquerda.

Nas margens, devem ser observados os espaços: 3 cm para a superior e a esquerda, e 2 cm para a inferior e a direita.

21.3.2 Espacejamento

O texto deve ser digitado com espaço 1,5, entrelinhas, excetuando-se as citações de mais de três linhas, as notas de rodapé, as referências, as legendas das ilustrações e das tabelas, o tipo de projeto de pesquisa e o nome da entidade, que devem ser digitados em espaço simples. As referências ao final do projeto devem ser separadas entre si por dois espaços simples. Os títulos das subseções devem ser separados do texto que os precede ou que os sucede por dois espaços 1,5.

21.3.3 Organização das partes e titulação

Cada uma das partes do relatório recebe um número para facilitar sua localização no texto. Para a numeração das seções primárias ou capítulos são utilizados algarismos arábicos, a partir de um. Para a numeração das seções secundárias, utiliza-se o número do capítulo, mais o número de cada parte, separados por ponto e assim sucessivamente. Recomenda-se que não sejam utilizados mais do que três estágios de subdivisão, em virtude da quantidade de dígitos que devem ser utilizados.

Exemplo:

1   Seção primária

1.1   Seção secundária

1.2

1.3

1.3.1   Seção terciária

1.3.2

1.3.3

Os títulos das seções primárias, por serem as principais divisões de um texto, devem iniciar em folha distinta. Devem também ser alinhados à esquerda e aparecer em caixa alta (maiúsculas). Nos demais títulos, também alinhados à esquerda, apenas a primeira letra e as iniciais dos nomes próprios é que deverão aparecer com letras maiúsculas. Destacam-se gradativamente os títulos das seções.

O texto de cada seção pode incluir vários parágrafos e também utilizar alíneas (representadas por letras minúsculas) para relacionar itens de conteúdo pouco extenso.

Os títulos sem indicativo numérico – lista de ilustrações, lista de abreviaturas e siglas, lista de símbolos, sumário, referências, glossário, apêndice(s), anexo(s) e índice(s) – devem ser centralizados.

21.3.4 Paginação

Todas as folhas do projeto, a partir da folha de rosto, devem ser contadas sequencialmente, mas não numeradas. A numeração é colocada, a partir da primeira folha da parte textual, em algarismos arábicos, no canto superior direito da folha, a 2 cm da borda superior, ficando o último algarismo a 2 cm da borda direita da folha. Havendo apêndice(s) e anexo(s), as suas folhas devem ser numeradas de maneira contínua e sua paginação deve dar seguimento à do texto principal.

21.3.5 Notas de rodapé

As notas devem ser digitadas dentro das margens, ficando separadas do texto por um espaço simples e por filete de 3 cm, a partir da margem esquerda. Devem ser utilizadas apenas quando indispensáveis.

21.3.6 Citações

As referências a autores ou transcrição de informações retiradas de outras fontes devem ser indicadas no próprio texto, indicando o sobrenome do autor, seguido do ano de publicação entre parênteses.

Exemplos:

- De acordo com Weber (1978), ...
- Tripodi, Fellin e Meyer (1975) classificam...
- Almeida *et al.* (2000) acentuam...

As citações textuais devem ser indicadas pela inclusão de aspas no início e no final dos períodos e o número da página entre parênteses no final. Citações curtas, de até três linhas, poderão fazer parte do próprio parágrafo em que são inseridas. Já citações mais longas devem ser apresentadas em bloco próprio, afastado da margem esquerda, com espaço simples e em itálico.

Por exemplo:

- Chalmers (1993) ressalta que:

    "A ciência é baseada no que podemos ver, ouvir, tocar etc. Opiniões ou preferências pessoais e suposições especulativas não têm lugar na ciência. A ciência é objetiva. O conhecimento científico é conhecimento confiável porque é conhecimento provado objetivamente" (p. 23).

21.3.7 Ilustrações

Qualquer que seja a modalidade (quadros, desenhos, mapas, esquemas, fluxogramas, organogramas, fotografias, gráficos, plantas, entre outros), sua identificação aparece na parte superior, precedida da palavra designativa, seguida de seu número de ordem de ocorrência no texto, em algarismos arábicos, do respectivo título e/ou legenda explicativa e da fonte. A ilustração deve ser inserida o mais próximo possível do trecho a que se refere.

21.3.8 Tabelas

As tabelas devem ser apresentadas conforme as Normas de Apresentação Tabular do (IBGE, 1993).

Exemplo:

Tabela 1 Área plantada ou destinada à colheita, área colhida, quantidade produzida, rendimento médio e valor da produção, em crescente de valor da produção, segundo os principais produtos – Brasil – 2004.

Produtos	Área plantada ou destinada à colheita (ha)	Área colhida (ha)	Quantidade produzida (t)	Rendimento médio (kg/ha)	Valor (1.000 R$)
Soja (em grão)	21.601.340	21.538.990	49.549.941	2.300	32.627.677
Cana-de-açúcar (1)	5.633.700	5.631.741	415.205.835	73.726	12.149.902
Milho (em grão)	12.864.838	12.410.677	41.787.558	3.367	11.595.513
Arroz (em casca)	3.774.215	3.733.148	13.277.008	3.556	7.750.355
Café (beneficiado)	2.389.598	2.368.040	2.465.710	1.041	7.377.951
Algodão herbáceo (em caroço)	1.159.677	1.150.040	3.798.480	3.302	5.185.011
Mandioca (1)	1.776.967	1.754.875	23.926.553	13.634	4.954.660
Laranja	823.902	823.220	18.313.717	22.246	4.307.155
Fumo (em folha)	462.391	462.265	921.281	1.992	3.632.214
Feijão (em grão)	4.325.777	3.978.660	2.967.007	745	3.082.348
Banana	495.385	491.042	6.583.564	13.407	2.273.680
Trigo (em grão)	2.810.874	2.807.224	5.818.846	2.072	2.102.426
Batata-inglesa	142.781	142.704	3.047.083	21.352	1.721.657
Tomate	60.365	60.152	3.515.567	58.444	1.685.933
Uva	71.640	71.637	1.291.382	18.026	1.388.218

Fonte: IBGE, Diretoria de Pesquisas, Coordenação de Agropecuária, Produção Agrícola Municipal, 2004.
(1) A área plantada refere-se à área destinada à colheita no ano.

21.3.9 Referências

Todos os trabalhos citados no texto devem ser referenciados em ordem alfabética, seguindo as normas da NBR 6023:2000, da ABNT. Seguem exemplos de alguns tipos de referências.

Livro

MEDEIROS, João Bosco. *Redação científica*: a prática de fichamentos, resumos e resenhas. 12. ed. São Paulo: Atlas, 2014.

Capítulo de livro

GUBA, Egon G.; LINCOLN, Yvonna S. Paradigmatic controversies, contradictions and emerging confluences. *In*: DENZIN, Norman K.; LINCOLN, Yvonna (Org.). *Handbook of qualitative research*. 2. ed. Thousand Oaks: Sage, 2000. Cap. 6, p. 163-189.

Artigo de periódico científico

OSTINI, Fátima Magro *et al*. O uso de drogas vasoativas em terapia intensiva. *Medicina – Revista do Hospital das Clínicas e da Faculdade de Medicina de Ribeirão Preto da Universidade de São Paulo*, Ribeirão Preto, v. 31, nº 23, p. 400-411, jul./set. 1998.

Matéria publicada em revista

CAETANO, José Roberto. Vermelho, só Papai Noel. *Exame*, São Paulo, ano 35, nº 24, p. 40-43, 28 nov. 2001.

Matéria de jornal assinada

VIEIRA, Fabrício. Na última hora, Argentina paga dívida. *Folha de S. Paulo*, São Paulo, 15 dez. 2001. Folha Dinheiro, p. B-1.

Matéria de jornal não assinada

POLICIAIS acusados de tráfico são presos. *Folha de S. Paulo*, São Paulo, 15 dez. 2001. Folha Cotidiano, p. C-1.

Tese ou dissertação

CONCEIÇÃO, Jefferson José da. As indústrias do ABC no olho do furacão. 2001, 146 p. Dissertação (Mestrado em Administração) – Centro Universitário Municipal de São Caetano do Sul, São Caetano do Sul.

Documento eletrônico

CONSELHO NACIONAL DE ÉTICA PARA AS CIÊNCIAS DA VIDA. Reflexão ética sobre a dignidade humana. Lisboa, 5 jan. 1999. Disponível em: http://www.cnecv.gov.pt/pdfs/dighum.pdf. Acesso em: 26 set. 2000.

Leitura recomendada

MEDEIROS, João Bosco; TOMASI, Carolina. *Comunicação científica*: normas técnicas para redação científica. São Paulo: Atlas, 2008.

    Esse livro apoia-se rigorosamente nas normas da ABNT, que são as mais difundidas no meio acadêmico e gozam de maior aceitação. Oferece, pois, a explicitação de um conjunto significativo de normas, que abrange da elaboração do projeto de pesquisa à elaboração dos diversos tipos de trabalhos acadêmicos.

BIBLIOGRAFIA

ANGROSINO, Michael. *Etnografia e observação participante*. Porto Alegre: Artmed, 2009.

ASSOCIAÇÃO BRASILEIRA DE NORMAS TÉCNICAS (ABNT). *Norma brasileira ABNT NBR 15287: 2005*. Informação e documentação – projeto de pesquisa – Apresentação. Rio de Janeiro: ABNT, 2005.

ASSOCIAÇÃO BRASILEIRA DE NORMAS TÉCNICAS (ABNT). *Norma brasileira ABNT NBR 6023*. Informação e documentação – referências. Rio de Janeiro: ABNT, 2002.

BARDIN, Laurence. *Análise de conteúdo*. Edição revista e ampliada. São Paulo: Edições 70, 2016.

BAUER, Martin W.; GASKELL, George. *Pesquisa qualitativa com texto, imagem e som*: um manual prático. Petrópolis: Vozes, 2000.

BEAUD, Michel. *Arte da tese*: como preparar e redigir uma tese de mestrado, uma monografia ou qualquer outro trabalho universitário. 3. ed. Rio de Janeiro: Bertrand Brasil, 2000.

BERTAUX, Daniel. *Les récits de vie*. Paris: Nathan Université, 2003.

BICUDO, M. A. V. Sobre a fenomenologia. *In*: *Pesquisa qualitativa em educação*: um enfoque fenomenológico. Piracicaba: UNIMEP, 1994.

BOWLBY, John. Maternal care and mental health. *World Health Organization (WHO) Monograph Series*, n. 2. Geneve: World Health Organization, 1951.

BRINKMANN, Swend; KVALE, Steinar. *Doing interviews*. 2. ed. Thousand Oaks: Sage, 2018.

Bibliografia

CAMPBELL, D. T.; STANLEY, Julian C. *Delineamentos experimentais e quase-experimentais de pesquisa*. São Paulo: EPU: Edusp, 1979.

CONTRANDIOPOULOS, André-Pierre et al. *Saber preparar uma pesquisa*: definição, estrutura e financiamento. Rio de Janeiro: Hucitec: Abrasco, 1994.

CHISERI-STRATER, Elizabeth; SUNSTEIN, Bonnie S. *Field Working*: reading and writing research. Blair Press: Upper Saddle River, 1997.

CLANDININ, D. Jean; CONNELLY, F. Michael. *Narrative inquiry*: experience and story in qualitative research. San Francisco: Jossey-Bass Publishers, 2000.

COLAIZZI, Paul F. Psychological research as the phenomenologist views it. *In*: VALLE, R. S.; KING, M. (ed.). *Existential-phenomenological alternatives for psychology*. New York: Oxford Universtiy Press, 1978. p. 48-71.

CRESWELL, John W. *Projeto de pesquisa*: métodos qualitativo, quantitativo e misto. 2. ed. Porto Alegre: Artmed, 2010.

CRESWELL, John W.; CLARK, Vicki L. *Plano*. Pesquisa de métodos mistos. 2. ed. Porto Alegre: Penso, 2013.

CROMBIE, Iain K. *Research in health care*: design, conduct, and interpretation of health services research. New York: John Wiley, 1996.

CZARNIAWSKA, B. *Narratives in social science research*: introducing qualitative. Methods. London: Sage Publications. Reviewed by: Helle Spindler, 2004.

FETTERMANN, David M. *Ethnography step by step*. 4. ed. London: Sage, 2019.

FOWLER JR., Floyd J. *Pesquisa de levantamento*. Porto Alegre: Penso, 2011.

FREIRE, Paulo. Criando métodos de pesquisa alternativa: aprendendo a fazê-la melhor através da ação. *In*: BRANDÃO, Carlos Rodrigues. *Pesquisa participante*. São Paulo Brasiliense, 1981.

GALHARDO, Eduardo. Uma breve introdução ao uso dos recursos disponíveis na rede. Disponível em: www.assis.unesp.br/egalhard/Internet.htm. Acesso em: 15 jun. 2008.

GARCIA, Ramon. Uma proposta alternativa de pesquisa: a investigação emancipatória. *Revista de Administração Pública*, v. 18, n. 2, abr./jun. 1984.

GIORGI, Amedeo. Sketch of a psychological phenomenological method. *In*: GIORGI, Amedeo (org.). *Phenomenology and psychological research*. Pittsburg: Duquesne University Press, 1985.

GLASER, Barney G. *Theoretical sensitivity*: advances in the methodology of grounded theory. Mill Valley: The Sociology Press, 1978.

GLASER, Barney G.; STRAUSS, Anselm L. *The discovery of grounded theory*: strategies for qualitative research. Chicago: Aldine, 1967.

GOODE, William J.; HATT, Paul K. *Métodos em pesquisa social*. São Paulo: Nacional, 1969.

HAMMERSLEY, Martyn; ATKINSON, Paul. Documents. *In*: *Ethnography*: principles in practice. 2. ed. New York: Routledge, 1995. p. 157-174.

Bibliografia

HERZBERG, Frederick. *Work and the nature of man*. Cleveland: World Publishing Company, 1966.

HULLEY, Stephen B.; CUMMINGS, Steven R.; BROWNER, Warren S.; GRADY, Deborah; NEWMAN, Thomas B. *Delineando a pesquisa clínica*: uma abordagem metodológica. 4. ed. Porto Alegre: Artmed, 2015.

INSTITUTO BRASILEIRO DE GEOGRAFIA E ESTATÍSTICA – IBGE. Centro de Documentação e Disseminação de Informações. *Normas de apresentação tabular*. 3. ed. Rio de Janeiro: IBGE, 1993.

JOHNSON, R. Burke; ONWUEGBUZIE, Anthony J.; TURNER, Lisa A. *Journal of Mixed Methods Research*, v. 1, n. 2, p. 112-133, 2007.

KANTOWITZ, Barry H.; ROEDIGER III, Henry L.; ELMES, David G. *Psicologia experimental*: psicologia para compreender a pesquisa. São Paulo: Cengage, 2006.

KERLINGER, F. N. *Metodologia da pesquisa em ciências sociais*: um tratamento conceitual. São Paulo: EPU: Edusp, 1980.

KESHAV, Srinivasan. How to read a paper. *ACM SIGCOMM Computer Communication Review*, v. 37, n. 3, p. 83-84, 2007.

KIDDER, Louise H. (org.). *Métodos de pesquisa nas relações sociais*. São Paulo: EPU, 1987.

KISIL, Rosa. *Elaboração de projetos e propostas para organizações da sociedade civil*. São Paulo: Global, 2001.

LABOV, William. *Socioloinguistic patterns*. Philadelphia: University of Pennsylvania Press, 1972.

LAVILLE, Christian; DIONNE, Jean. *A construção do saber*: manual de metodologia da pesquisa em ciências humanas. Porto Alegre: Artes Médicas Sul, 1999.

LE BOTERF, Guy. Pesquisa participante: propostas e reflexões metodológicas. *In*: BRANDÃO, Carlos Rodrigues (org.). *Repensando a pesquisa participante*. 3. ed. São Paulo: Brasiliense, 1999.

LE BOTERF, Guy. Pesquisa participante: propostas e reflexões metodológicas. *In*: BRANDÃO, Carlos Rodrigues (org.). *Repensando a pesquisa participante*. São Paulo: Brasiliense, 1984. Cap. 3, p. 51-81.

MARCONI, Marina de Andrade; LAKATOS, Eva Maria. *Metodologia científica*. 7. ed. São Paulo: Atlas, 2017.

MARTINS. Gilberto Andrade. *Estudo de caso*: uma estratégia de pesquisa. 2. ed. São Paulo: Atlas, 2008.

McGUIGAN, Frank Joseph. *Psicologia experimental*: uma abordagem metodológica. São Paulo: EPU: Edusp, 1976.

MEDEIROS, João Bosco. *Redação científica*: a prática de fichamentos, resumos e resenhas. 12. ed. São Paulo: Atlas, 2014.

MEDEIROS, João Bosco; TOMASI, Carolina. *Comunicação científica*: normas técnicas para redação científica. São Paulo: Atlas, 2008.

MILES, Matthew B.; HUBERMAN, A. Michael; SALDAÑA, Johnny. *Qualitative. Data Analysis. A Methods Sourcebook*. 3. ed. Thousand Oak: Sage, 2014.

MILL, John Stuart. *Sistema de lógica dedutiva e indutiva*. 2. ed. São Paulo: Abril Cultural, 1979.

MOREIRA, Daniel A. *O método fenomenológico na pesquisa*. São Paulo: Pioneira, Thomson, 2002.

MORGAN, Convy L. *An introduction to comparative psychology*. London: W. Scott, 1894.

MORSE, J. M. Determining sample size. *Qualitative Health Research*, v. 10, n. 1, p. 3-5, 2000.

MOURA, Maria Lucia Seidl de; FERREIRA, Maria Cristina; PAINE, Patrícia Ann. *Manual de elaboração de projetos de pesquisa*. Rio de Janeiro: Eduerj, 1998.

OLIVEIRA, Granville Garcia de. *Ensaios clínicos*: princípios e prática. Brasília: Anvisa, 2006.

OLIVEIRA, Therezinha de Freitas Rodrigues. *Pesquisa biomédica*: da procura, do achado e da escritura de tese e comunicações científicas. São Paulo: Atheneu, 1995.

POCOCK, Stuart J. *Clinical trials*: a practical approach. Chinchester: John Wiley, 1983.

POLKINGHORNE, D. E. Phenomenological research methods. *In*: VALLE, Ronald S.; HALLING, S. (ed.). *Existential-Phenomenological perspectives in psychology*. New York: Plenum Press, 1989.

QUEIROZ, Maria Izaura P. Relatos orais: do "indivisível" ao "divisível". *Ciência e Cultura*, São Paulo, v. 39, n. 3, mar. 1987.

RICHARDSON, R. J. *Pesquisa social*: métodos e técnicas. 4. ed. São Paulo: Atlas, 2017.

RIESSMAN, Catherine Kohler. *Narrative methods for the human sciences*. London: Sage Publications, 2008.

ROSENBERG, Morris. *A lógica da análise do levantamento de dados*. São Paulo: Cultrix: Edusp, 1976.

SELLTIZ, Claire *et al*. *Métodos de pesquisa nas relações sociais*. São Paulo: Herder, 1967.

SEVERINO, Antonio Joaquim. *Metodologia do trabalho científico*. 23. ed. São Paulo: Cortez, 2007.

STAKE, Robert E. *The art of case research*. Thousand Oaks, CA: Sage, 1995.

STAKE, Robert E. Case studies. *In*: DENZIN, N.; LINCOLN, Y. (ed.). *Handbook of qualitative research*. 2. ed. Thousand Oaks: Sage, 2000.

STRAUSS, Anselm A.; CORBIN, Juliet. *Pesquisa qualitativa*: técnicas e procedimentos para o desenvolvimento da teoria fundamentada. 2. ed. Porto Alegre: Artmed, 2008.

SCHATZMAN, Leonard; BUCHER, Rue; EHRLICH, Danuta; SABSHIN, Melvin. *Psychiatric ideologies and institutions*. New Brunswick: Transaction, 1981.

TAGLIACARNE, Guglielmo. *Pesquisa de mercado*. São Paulo: Atlas, 1976.

Bibliografia

TASHAKKORI, Abbas; CRESWELL, John W. Editorial: Exploring the Nature of Research Questions in Mixed Methods Research. *Journal of Mixed Methods Research*, v. 1, n. 3, p. 207-211, 2007.

THIOLLENT, Michel. *Metodologia da pesquisa-ação*. São Paulo: Cortez, 1985.

THIOLLENT, Michel. *Pesquisa-ação nas organizações*. São Paulo: Atlas, 1997.

THE CANADIAN COOPERATIVE STUDY GROUP. A randomized trial of aspirin and sulfinpyrazone in threatened stroke. *New England Journal of Medicine*, v. 299, n. 2, p. 53-59, July 1978.

THERASSE, Patrick; ARBUCK, Susan G.; EISENHAUER, Elizabeth A.; WANDERS, Jantien; KAPLAN, Richard S.; RUBINSTEIN, Larry; VERWEIJ, Jaap; VAN GLABBEKE, Martine; VAN OOSTEROM, Allan T.; CHRISTIAN, Michaele C.; GWYTHER, Steve. G. New guidelines to evaluate the response to treatment in solid tumors. *J. Natl. Cancer Inst.*, v. 92, n. 3, p. 205-216, 2000.

TRUJILLO FERRARI, Alfonso. *Metodologia da pesquisa científica*. São Paulo: McGraw-Hill do Brasil, 1982.

VAN KANN. Phenomenological analysis: exemplified by a study of the experience of really feeling understood. *Journal of Individual Psychology*, v. 15, p. 66-72, 1959.

VAN MAANEN, John. *Tales of the field*: on writing ethnography. Chicago: University of Chicago Press, 1988.

VIEIRA, Sônia. *Como elaborar questionários*. São Paulo: Atlas, 2009.

VIO GROSSI, Francisco; MARTINIC, Sergio; TAPIA, Gonzalo; PASCAL, Ines. *Investigación participativa*: marco teórico, métodos y técnicas. Santiago, Chile: Consejo de Educación de Adultos de América Latina (CEAAL), 1984.

WARDLE, C. J. Two generations of broken homes in the genesis of conduct and behavioral disorders in children. *British Medical Journal*, p. 349, 5 Aug. 1961.

WHYTE, William F. *Sociedade de esquina*: a estrutura social de uma área urbana pobre e degradada. Rio de Janeiro: Jorge Zahar, 2005.

YIN, Robert K. *Estudo de caso*: planejamento e métodos. 3. ed. Porto Alegre: Bookman, 2013.

YUSSEN, Steve R.; OZCAN, Nihal M. *The development of knowledge about narratives*. Issues in Educational Psychology: Contributions from Educational Psychology. v. 2, p. 1-68, 1997.

ÍNDICE ALFABÉTICO

A

Acompanhamento
  de aderência ao protocolo, 81
  dos participantes, 88
  dos resultados quantitativos, 154
Amostragem, 103
  aleatória simples, 103
  estratificada, 104
  por conglomerados, 104
  por cotas, 104
  sistemática, 103
Anais de encontros científicos, 48
Análise
  crítica dos problemas, 149
  dos dados, 120, 126, 135, 156
  dos resultados, 82
  e interpretação, 89
    dos dados, 62, 73, 106, 113, 130, 144
    dos resultados, 93
Aplicação do formulário, 101
Aspectos gráficos do texto, 169
Autenticidade, 61
Avaliação dos documentos, 61

B

Base de dados, 52
Biblioteca
  Digital Brasileira de Teses e Dissertações, 50
  Nacional Digital, 50
Busca
  da credibilidade, 114
  de "categorias locais de significados", 120
  de significados, 114

C

Capa, 165
Caso(s)

crucial, 110
discrepante, 110
extremo, 110
múltiplos (ou coletivos), 110
raro, 110
revelador, 110
típico, 110
Categorização dos dados, 63
Cegamento, 80
Citações, 171
Clareza, 168
Classificação de pesquisas, 25
  segundo a área de conhecimento, 26
  segundo os métodos empregados, 28
  segundo seus propósitos mais gerais, 27
  segundo sua finalidade, 26
Codificação
  aberta, 136
  axial, 137
  dos dados, 113
  dos dados, 63
  seletiva, 138
Coerência, 168
Coleta de dados, 73, 106, 112, 119, 126, 130, 134, 143, 156
Concisão, 169
Condução da entrevista, 100
Construção
  da teoria fundamentada, 133, 138
  das hipóteses, 68, 142
  lógica do trabalho, 57

Credibilidade, 61
Cronograma da pesquisa, 159

D

Definição
  da unidade-caso, 110
  de estratégias para lidar com os resultados qualitativos, 155
  de objetivos ou hipóteses, 13, 63, 78, 88, 91
  do plano experimental, 68
  dos procedimentos do tratamento, 79
Delineamento
  com grupo de controle não equivalente, 83
  convergente, 156
  cruzado, 84
  de séries temporais, 83
  fatorial, 82
  randomizado com alocação de grupos, 83
  sequencial
    explanatório, 153
    exploratório, 155
Desenvolvimento experimental, 26
Determinação
  da adequação da pesquisa narrativa ao problema ou questões de pesquisa, 130
  das palavras-chave ou descritores, 51
  das técnicas de coleta de dados, 111
  do ambiente, 72
  do tamanho da amostra, 105
  dos sujeitos, 72
Diárias, 161

Índice alfabético

Dimensão administrativa da pesquisa, 159
Discussão, 54
Dissertações, 48
Divulgação dos resultados, 144
Documentos, 113

E

Elaboração
  da estrutura essencial do fenômeno, 127
  de hipótese, 20
  de notas de campo, 120
  de um projeto de pesquisa, 3
  de um quadro de referência, 63
  do instrumento de coleta de dados, 98
  do plano
    de ação, 144, 149
    provisório da pesquisa, 46
  do protocolo, 111
  do questionário, 99
Elementos
  de um projeto de pesquisa, 4
  pós-textuais, 167
  pré-textuais, 165
  textuais, 166
Ensaio clínico, 31
  randomizado cego, 77
Entrada em campo, 118
Entrevistas, 112, 119
Escolha
  da técnica de coleta de dados, 125
  do tema, 44

Espacejamento, 169
Especificação dos objetivos, 95
Esquematização de uma pesquisa, 4
Estabelecimento
  de categorias analíticas, 113
  do modo de contagem, 63
Estilo do texto, 167
Estrutura
  clássica, 115
  de construção de teoria, 116
  de suspense, 116
  descritiva, 116
  do texto, 165
  narrativa, 115
Estudo
  caso-controle, 33, 91
  de caso, 34, 109
  de coorte, 32
    prospectivos, 87
    retrospectivos, 89
  preliminar da região e da população pesquisadas, 148
Exibição dos dados, 114
Extração das assertivas significativas, 127

F

Fase exploratória, 142
Fichamento, 55
Formato, 169
Formulação
  do problema, 8, 10, 45, 60, 67, 109, 118, 124, 134, 142

dos significados, 127
Fusão de resultados, 156

G
Google Acadêmico, 50
Grounded theory, 39

H
Hipótese, 17
  aplicável, 21
  conceitualmente clara, 21
  específica, 21
  necessárias em todas as pesquisas, 23
  parcimoniosa, 22
  referências empíricas, 22
  relacionada com
    as técnicas disponíveis, 22
    uma teoria, 22

I
Identificação
  das fontes, 46, 60
  de padrões, 121
  e seleção dos artigos, 52
Ilustrações, 171
Impessoalidade, 168
Instrumentos usuais, 98
Integração dos resultados numa descrição exaustiva, 127
Interpretação
  dos dados, 64

dos resultados
  conectados, 155, 156
  fundidos, 157
Interrupção do ensaio, 82
Introdução, 54
Intuição, 21

L
Leitura
  da descrição de cada informante, 126
  do material, 52, 120
Levantamento, 34, 95
  bibliográfico preliminar, 44
Livros de leitura corrente, 47
Localização das fontes, 49
  e acesso aos documentos, 61

M
Material(is)
  de consumo, 161
  e métodos, 54
  permanente, 161
Medição
  das variáveis basais, 79
  do desfecho, 81
Montagem institucional e metodológica da pesquisa participante, 148

Índice alfabético

N

Notas de rodapé, 170

O

Objetividade, 168
Obras de referência, 47
Observação, 20, 112, 119
Obtenção do material de interesse para a pesquisa, 51
Operacionalização
  das variáveis, 68, 97
  dos conceitos, 97
Orçamento da pesquisa, 161
Organização
  das partes e titulação, 169
  dos significados em conjuntos de temas, 127

P

Paginação, 170
Passagens e despesas com locomoção, 161
Periódicos
  científicos, 48
  de indexação e resumo, 48
Pesquisa, 1
  aplicada, 26
  básica
    estratégica, 26
    pura, 26
  bibliográfica, 29, 43
  de métodos mistos, 41, 153
  descritivas, 27
  documental, 30, 59
  etnográfica, 38, 117
  experimental, 30
  explicativas, 28
  exploratórias, 27
  fenomenológica, 36, 123
  narrativa, 36, 129
  participante, 40, 147
Pesquisa-ação, 39, 141
Planejamento, 3, 156
  da implementação dos procedimentos
    qualitativos, 154, 155
    quantitativos, 154, 155
  da pesquisa, 3
  experimental, 67
Plano
  de uma única variável, 68
  fatorial, 69
Portal
  de Periódicos da CAPES, 50
  Domínio Público, 50
Pré-teste dos instrumentos, 102
Precisão, 168
Problema, 7
  base empírica, 11
  claro e preciso, 10
  delimitado a uma dimensão viável, 12
  ético, 13
  formulado como pergunta, 10
  suscetível de solução, 12
Projeto de pesquisa, 165

Índice alfabético

Q

Qualidades pessoais do pesquisador, 2

R

Randomização, 79

Realização do seminário, 142

Recuperação dos artigos, 52

Recursos humanos, materiais e financeiros, 2

Redação do relatório, 57, 64, 74, 82, 89, 93, 107, 115, 121, 131, 139

Referências, 54, 172

Representatividade, 61

Resultados, 54
  de outras pesquisas, 20

Resumo, 54

Revisão da literatura, 54

S

Scientific Electronic Library Online, SciELO, 50

Seleção
  da amostra, 103, 118, 134, 143
  dos casos, 111
  dos documentos a serem analisados, 63
  dos participantes, 78, 88, 92, 126, 130
  e organização das informações, 61

Significado, 61

Simplicidade, 169

T

Tabelas, 171

Teorias, 21

Teses, 48

Teste de validade e fidedignidade, 63

Título, 53

Tomada de apontamentos, 55

Tratamento estatístico dos dados, 64

Triangulação, 121

V

Validação da estrutura essencial, 127

Variáveis se relacionam nas hipóteses, 18

Verificação
  do nível de exposição de cada participante, 93
  dos dados, 106